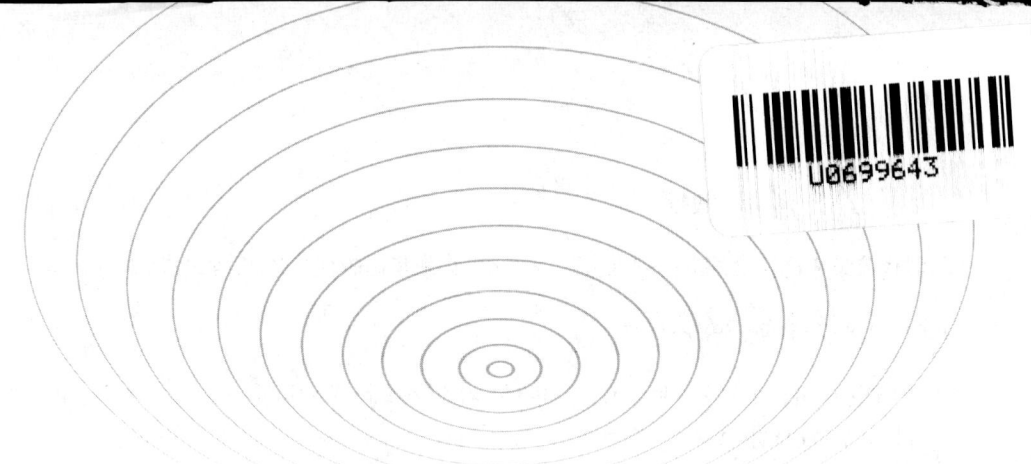

新时代
公民道德建设
读 | 本

刘玉瑛 著

新华出版社

图书在版编目（CIP）数据

新时代公民道德建设读本 / 刘玉瑛著. —北京：新华出版社，2020.1（2025.2重印）

ISBN 978-7-5166-3960-3

Ⅰ. ①新⋯ Ⅱ. ①刘⋯ Ⅲ. ①公民教育—社会公德教育—中国—学习参考资料 Ⅳ. ①D648.3

中国版本图书馆CIP数据核字（2019）第283506号

新时代公民道德建设读本

作　　者：	刘玉瑛
选题策划：	黄春峰
责任编辑：	赵怀志　沈文娟　祝玉婷　　　封面设计：李尘工作室

出版发行：新华出版社
地　　址：北京市石景山区京原路 8 号　　邮　编：100040
网　　址：http://www.xinhuapub.com
经　　销：新华书店
　　　　　新华出版社天猫旗舰店、京东旗舰店及各大网店
购书热线：010-63077122　　　中国新闻书店购书热线：010-63072012

照　　排：李尘工作室
印　　刷：大厂回族自治县众邦印务有限公司
成品尺寸：170mm×240mm
印　　张：16.25　　　　　　　　　　　字　数：157千字
版　　次：2020年3月第一版　　　　　　印　次：2025年2月第二次印刷
书　　号：ISBN 978-7-5166-3960-3
定　　价：46.00元

版权专有，侵权必究。如有质量问题，请与出版社联系调换：010-63077124

前言

中国特色社会主义进入了新时代，新时代要有新气象。这是习近平总书记在十九大报告中的宣示和要求。《新时代公民道德建设实施纲要》的印发，就是落实新时代要有新气象的重要举措，同时，也为新时代要有新气象提供了正确而强有力的指导。

《新时代公民道德建设实施纲要》的发布，翻开了法治德治结合的新篇章，是适应新时代新要求，推动全民道德素质和社会文明程度达到一个新高度的重要文献。

2001年，党中央颁布的《公民道德建设实施纲要》，对在社会主义市场经济条件下加强公民道德建设提供了重要指导，有力地促进了社会主义精神文明建设，对于促进社会文明发展、培树公民道德起到很大的促进作用，但是，随着经济社会的快速发展和我国社会主要矛盾的转化，这个纲要已经难能适应新形势的新要求，因此，中共中央国务院印发了《新时代公民道德建设实施纲要》。

那么，《新时代公民道德建设实施纲要》与时俱进地提出了哪些新要求？新时代公民道德建设的重点任务是什么？如何深化道德教育引导？如何推动道德实践养成？如何抓好网络空间道德建设等等，是需要回答的一些重点问题。为此，我撰写了《新时代公民道德建设读本》一书。

本书紧密结合《新时代公民道德建设实施纲要》的内容要求，并联系当前公民思想道德的实际，给予了这些问题以明确的答案。

本书既有理论探讨，又有践行路径，可以说，有着很强的理论性、可读性和可操作性。因此，本书既可以作为党政干部道德建设培训的参考书籍，也适合一般读者阅读。

在撰写本书的过程中，我曾参阅、引用了部分报纸杂志发表的资料来阐述、说明问题，这些资料大多在引用时已有注明，这里就不一一列举，我谨在此向原作者致以诚挚的谢意！

本书能跟读者见面，我得感谢新华出版社的副社长黄春峰先生和新华出版社的沈文娟女士。本书为他们所策划，他们为本书的"问世"也付出了辛勤的劳动。

刘玉瑛

2019年11月21日

目录

第一章
新时代公民道德建设的总体要求

一、坚持马克思主义道德观和社会主义道德观 / 3

二、坚持以社会主义核心价值观为引领 / 20

三、坚持在继承传统中创新发展 / 32

四、坚持提升道德认知与推动道德实践相结合 / 36

五、坚持发挥社会主义法治的促进和保障作用 / 44

六、坚持积极倡导与有效治理并举 / 46

第二章
新时代公民道德建设的着力点

一、加强社会公德建设,在社会上做一个好公民 / 53

二、加强职业道德建设,工作中做一个好建设者 / 66

三、加强家庭美德建设,在家庭里做一个好成员 / 78

四、加强个人品德建设,日常生活中养成好品行 / 98

第三章
新时代公民道德建设的重点任务

一、筑牢理想信念之基 / 113

二、培育和践行社会主义核心价值观 / 117

三、传承中华传统美德 / 123

四、弘扬民族精神和时代精神 / 136

第四章
深化道德教育引导

一、把立德树人贯穿学校教育全过程 / 149

二、用良好家教家风涵育道德品行 / 157

三、以先进模范引领道德风尚 / 161

四、以正确舆论营造良好道德环境 / 164

五、以优秀文艺作品陶冶道德情操 / 166

六、抓好重点群体的教育引导 / 169

第五章
推动道德实践养成

一、广泛开展弘扬时代新风行动 / 179

二、持续推进诚信建设 / 182

三、运用有效的路径推动道德实践养成 / 191

第六章
抓好网络空间道德建设

一、加强网络内容建设 / 197

二、培养文明自律网络行为 / 200

三、丰富网上道德实践 / 203

四、营造良好网络道德环境 / 207

第七章
发挥法律制度保障作用

一、强化法律法规保障 / 213

二、彰显公共政策价值导向 / 217

三、深化道德领域突出问题治理 / 219

附 录

中共中央 国务院印发《新时代公民道德建设实施纲要》 / 226

加强新时代公民道德建设 为实现中华民族伟大复兴中国梦凝心铸魂
——中央宣传部负责人就《新时代公民道德建设实施纲要》答记者问 / 245

第一章

新时代公民道德建设的总体要求

加强新时代公民道德建设，首先要搞清楚新时代公民道德建设的总体要求。只有搞清楚了这一问题，新时代公民道德建设才能有正确的方向，才能对广大公民提出明确而具体的道德要求，才能采取切实可行的方法，真正达到加强新时代公民道德建设的目的。

《新时代公民道德建设实施纲要》（以下简称《纲要》）指出，新时代公民道德建设"要以习近平新时代中国特色社会主义思想为指导，紧紧围绕进行伟大斗争、建设伟大工程、推进伟大事业、实现伟大梦想，着眼构筑中国精神、中国价值、中国力量，促进全体人民在理想信念、价值理念、道德观念上紧密团结在一起，在全民族牢固树立中国特色社会主义共同理想，在全社会大力弘扬社会主义核心价值观，积极倡导富强民主文明和谐、自由平等公正法治、爱国敬业诚信友善，全面推进社会公德、职业道德、家庭美德、个人品德建设，持续强化教育引导、实践养成、制度保障，不断提升公民道德素质，促进人的全面发展，培养和造就担当民族复兴大任的时代新人。"

《纲要》言简意赅地概括了新时代公民道德建设的总体要求，为我们加强新时代公民道德建设指明了正确的方向。

第一章
新时代公民道德建设的总体要求

一、坚持马克思主义道德观和社会主义道德观

马克思主义道德观是关于道德的起源、本质和作用的基本观点。

社会主义道德观是中国化的马克思主义道德观,它集中体现在"倡导共产主义道德,以为人民服务为核心,以集体主义为原则,以爱祖国、爱人民、爱劳动、爱科学、爱社会主义为基本要求"等方面。

1. 倡导共产主义道德

《纲要》提出倡导共产主义道德,为新时代公民道德建设确立了高层次的道德目标。高层次道德目标的确立,非常符合社会主义的发展方向。

社会主义是共产主义的初级阶段,共产主义是更高层次的发展阶段,是人类历史上空前伟大的事业。我们的奋斗目标,就是要建设中国特色社会主义现代化强国,并最终实现共产主义。这也是中国共产党的历史使命。因此,新时代道德建设从现阶段的实际状况出发,并不意味着我们可以停留在低层次的道德要求上。邓小平同志曾经指出:"党是整个社会的表率,党的各级领导同志又是全党的表率",因此,必须"用共产主义道德约束共产党员和先进分子的言行",必须带头实践社会主义、共产主义的道德要求,大公无私、清正廉洁、服从大局、艰苦奋斗、全心全意为人民服务,并引导人们在遵守基本道德规范的基础上,不断追求更高层次的道德目标。

共产主义道德反映的是"社会主义社会向共产主义社会高级阶段过渡这一历史的发展方向",它体现的是我们社会中的党员干部、先进分子,为了党和国家、人民的利益,为了中国特色社会主义现代化建设事业,为了共产主义理想,站在时代的前列,大公无私、勇于奉献的崇高精神。

2. 以为人民服务为核心

《纲要》把为人民服务作为新时代公民道德建设的核心,这有其历史必然性,并反映出新时代公民道德的本质。

中国共产党的初心和使命,就是为中国人民谋幸福,为中华民族谋复兴。党的历史,从一定意义上来说,就是全心全意为人民服务的历史。

1956年11月17日,邓小平同志在接见国际青年代表团时,对他们提出的"中国共产党员的含义是什么"这一问题,作了这样的回答:"中国共产党员的含义或任务,如果用概括的语言来说,只有两句话:全心全意为人民服务,一切以人民利益作为每一个党员的最

第一章
新时代公民道德建设的总体要求

高准绳。他的目的是实现社会主义、共产主义。"①这两句话深刻地揭示了共产党人的人生价值观的核心。全心全意为人民服务，无论是过去，还是现在，抑或是未来，都是我们每一个共产党人的人生最高追求，也应该是我们每一位公民的人生最高追求。

为人民服务，既是我党的根本宗旨，又是一种新的伦理道德观的核心。为人民服务形成于新民主主义革命时期，当时主要是对中国共产党人的要求。但与此同时，毛泽东同志已经开始向革命队伍中的人民群众大力推广这种高尚的道德。1944年9月，毛泽东同志在为纪念张思德烈士所写的《为人民服务》一文中便说："我们的共产党和共产党所领导的八路军、新四军，是革命的队伍。我们这个队伍是完全为着解放人民的，是彻底地为人民的利益而工作的。"②在《论联合政府》中，他又强调说："紧紧地和中国人民站在一起，全心全意地为人民服务，就是这个军队的唯一的宗旨。"③"我们共产党人区别于其他任何政党的又一个显著的标志，就是和最广大的人民群众取得最密切的联系。全心全意地为人民服务，一刻也不脱离群众；一切从人民的利益出发，而不是从个人或小集团的利益出发；向人民负责和向党的领导机关负责的一致性；这些就是我们的出发点。"④正是基于这一出发点，中国共产党人始终坚定地和

---

① 《邓小平文选》第一卷，第257页。
② 《毛泽东选集》第三卷，第1004页，人民出版社1991年版。
③ 《毛泽东选集》第三卷，第1039页，人民出版社1991年版。
④ 《毛泽东选集》第三卷，第1094–1095页，人民出版社1991年版。

广大人民群众站在一起，从而赢得了广大人民群众的拥护和支持。我党在广大人民群众的支持下，用小米加步枪的劣势装备打败了用飞机、坦克、大炮等现代化武器武装起来的日本侵略者和国民党反动派，建立起了社会主义新中国。

中华人民共和国成立之后，中国共产党人把这种高尚的道德情操带到了全国，使得它成为全社会共同的道德。

新时代公民道德建设之所以要以"为人民服务"为核心，还因为"为人民服务"是新时代公民道德的集中体现。

以"为人民服务"作为公民道德建设的核心，是社会主义道德区别和优越于其他社会形态道德的显著标志。因为"为什么人的问题，是一个根本的问题，原则的问题。"[①]在以往的阶级社会中，其社会道德的本质是为剥削阶级服务，一切服从剥削阶级的利益；而社会主义道德的本质是为人民大众服务，维护的是人民大众的利益。以"为人民服务"作为公民道德建设的核心，就是要求全体公民相互尊重，相互理解，相互关心，相互帮助，发扬社会主义人道主义精神，为人民为社会多做好事。这体现的正是社会主义公民道德的本质。

---

① 《毛泽东选集》第三卷，第857页，人民出版社1991年版。

3. 以集体主义为原则

一个社会价值目标和精神原则的确立不是随意的主观断定，它是社会内在本质要求的必然。集体主义作为新时代公民道德建设的基本原则，是有其客观必然性的。

第一，坚持集体主义原则是社会主义制度的本质要求。作为一定社会经济、政治、思想关系反映的道德，必然要与一定的社会经济、政治、思想关系相适应。在我国现阶段，是以公有制为主体，多种经济成分共同发展的经济制度，这一经济制度为集体主义原则的实现创造了现实的基础；是以人民民主专政为国体、以人民代表大会制度为政体的政治制度，这一政治制度为集体主义原则的实施提供了直接的政治组织保证；而且以一定社会主义觉悟为基本特征的广大公民的思想道德素质，也为集体主义原则的确立奠定了必要的基础。

第二，坚持集体主义原则是发展社会主义市场经济的现实需要。改革开放以来，随着社会的转型、社会主义市场经济的建立与发展，集体主义的观念也受到了巨大的冲击。一些人不能科学地认识和正确把握社会关系变革的实质和特点，对集体主义的存在产生了怀疑，甚至否认集体主义存在的必要性。

有人认为，市场经济强调的是自主经营原则，其发展的动力是个人利益的追求。因此，在市场经济条件下，集体主义失去了赖以存在的基础。还有人认为，既然实行了以市场主体追求个人利益最大化为原动力的市场经济，集体主义原则也就没有存在的必要了。这两种观点都是不正确的。实际上，市场经济与集体主义精神在本质上是相通的，并非是互不相容、相互对立的。

我们发展中国特色社会主义市场经济虽然使政治、经济、思想道德等方面发生了新变化，但是社会经济、政治制度这一集体主义原则赖以存在的基础并没有因此而变化。中国特色社会主义市场经济体制虽然肯定了追求正当的个人利益的合理性，但其前提条件必须是集体利益高于个人利益。

事实上，社会主义市场经济不论是其内在属性，还是它的运行机制，都蕴含着集体主义原则。

市场经济的主体虽然具有独立经营、自负盈亏、自我发展、自我调节的独立自主权利，但这种权利的行使必须是以不损害他人利益和社会整体利益为前提；决不允许用这种自主权利去损害国家、社会和他人的利益。

市场经济的运行，虽然有其自身的规律，但必须以集体主义的价值原则来予以引导，使其纳入到社会主义的轨道。在市场机制的作用下，人们的功利意识、效益意识、竞争意识、自我意识和创新意识等得到增强，这些意识与市场经济的发展是吻合的，是有助于推动市场经济发展的。但是，它们必须是在一个合理的正确的价值原则的引导下才能发挥这一作用。如果没有一个合理的正确的

第一章
新时代公民道德建设的总体要求

价值原则的引导，其"功利意识""效益意识"就可能导致单纯追求金钱的拜金主义；其"竞争意识"就可能导致为个人利益而不择手段；其"自我意识"就可能导致以自我为中心的个人主义。从而导致以权谋私、贪污腐化、道德沦丧，严重干扰社会主义市场经济的健康发展，危害社会的安定和团结。所以，发展社会主义市场经济决不能否认集体主义的价值作用，而更需要用集体主义的原则来铸造一种凝聚力、向心力，来保证中国特色社会主义市场经济的全面、正确、健康地向前发展。

集体主义作为新时代公民道德建设的价值原则，其重要的职能就是调节社会各种利益关系。而各种利益关系中最根本的关系就是集体利益和个人利益之间的关系。因此，正确把握这二者之间的关系，有助于集体主义价值原则的真正实现，有助于新时代公民道德建设的进一步加强。

集体利益高于个人利益。当集体利益和个人利益发生矛盾时，个人利益必须服从集体利益。

我们这里所讲的集体利益，是一个相对的概念，国家社会利益是一种集体利益，企业、部门、学校、社区、乡村共同体的利益，也都是不同的集体利益。我们这里所讲的个人利益，指的是劳动者个人及其家庭生活、发展的一切需求及其满足条件的总和。在社会主义制度下，集体和个人的根本利益是一致的。这就是说，集体利益是个人利益的源泉和保证；个人利益又是集体利益的基础和归宿。当然，我们说集体和个人的根本利益是一致的，但这并不是说，集体就等于个人，集体利益就是个人利益的简单相加。集体利益是每个集体成员利益的有机结合。集体利益代表了每个集体成员的根本利益和长远利益，是个人利益得以实现的前提和保障。只有国家富强了，社会经济发展了，广大公民的个人利益才能随之增长，其生活水平才能得到改善和提高。这就决定了集体利益必然高于个人利益。当集体利益和个人利益发生矛盾时，个人利益必须服从集体利益。正如邓小平所强调的："在社会主义制度之下，个人利益要服从集体利益，局部利益要服从整体利益，暂时利益要服从长远利益，或者叫做小局服从大局，小道理服从大道理。我们提倡和实行这些原则，决不是说可以不注意个人利益，不注意局部利益，不注意暂时利益，而是因为在社会主义制度之下，归根结底，个人利益和集体利益是统一的，局部利益和整体利益是统一的，暂时利益和长远利益是统一的。我们必须按照统筹兼顾的原则来调节各种利益的相互关系。如果相反，违反集体利益而追求个人利益，违反整体利益而追求局部利益，违反长远利益而追求暂时利益，那么，结果势必两头都受损失。"[①]

在强调并保证集体利益放在首位的前提下，同时强调，集体必须充分尊重公民个人的合法利益，并依法保护公民个人的正当利益。

[①] 《邓小平文选》第二卷，第175—176页。

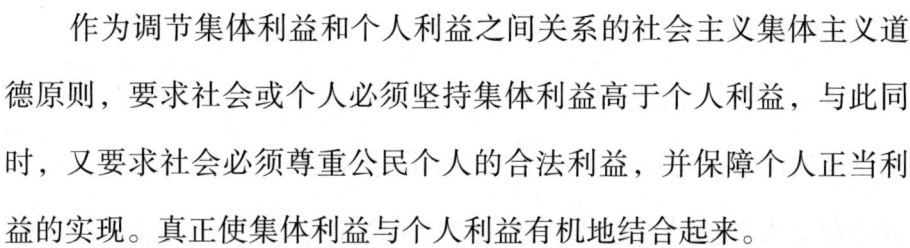

作为调节集体利益和个人利益之间关系的社会主义集体主义道德原则,要求社会或个人必须坚持集体利益高于个人利益,与此同时,又要求社会必须尊重公民个人的合法利益,并保障个人正当利益的实现。真正使集体利益与个人利益有机地结合起来。

在集体主义原则的实践中,曾有一段时期出现过忽视保障个人正当利益和发展社会集体利益之间辩证统一关系的现象,甚至将个人利益当作"个人主义"来加以大肆批判,从而造成了个人利益与集体利益的对立,严重挫伤了广大公民建设社会主义的积极性。对此,邓小平同志分析得非常透彻,他说:"不讲多劳多得,不重视物质利益,对少数先进分子可以,对广大群众不行,一段时间可以,长期不行。革命精神是非常宝贵的,没有革命精神就没有革命行动。但是,革命是在物质利益的基础上产生的,如果只讲牺牲精神,不讲物质利益,那就是唯心论。"[①]

十一届三中全会之后,随着整个社会的拨乱反正,随着市场经济的健康发展,个人利益与集体利益的关系也得到了人们的重新审视。但是,在纠正以往的偏差时,又出现了片面强调个人利益,而置集体利益于不顾的现象。这就又从个人主义方面再次将个人利益与集体利益对立起来。一些人无视党纪国法,为了一己之私利,大搞权钱交易,贪污受贿;大肆欺诈蒙骗,中饱私囊。从而不仅严重

---

① 《邓小平文选》第二卷,第146页。

损害了集体利益,也从根本上损害了个人利益的真正实现。

实践证明,任何将个人利益与集体利益对立开来、割裂开来的观点和做法都是错误的。正如邓小平同志所强调的:"必须把国家、集体和个人利益结合起来,才能调动积极性,才能发展社会主义的生产。"[1]这就需要我们在坚持集体利益高于个人利益的同时,充分尊重、关心公民个人的合法利益,并依法保护公民个人的正当利益。而在集体利益和个人利益发生矛盾时,个人利益必须无条件服从集体利益。

有位哲学家问他的学生:"一滴水怎样才能不干涸?"学生们冥思苦想,得不出答案。后来老师告诉他们:"把它放到江、河、海洋里去。"

这个答案看似简单,但却蕴含着深刻的哲理。它形象地说明了"集体"和"个体"的关系,说明了"集体"的重要性。孤零零的一滴水,风一吹,就会干涸;土一吸,就会无影。而把它放到江、河、海洋里,它的生命就会永恒了。

实际上,集体利益和个人利益之间的关系也像这一滴水与江、河、海洋的关系一样。正如雷锋同志所说的:"一个人只有当他把自己和集体事业融合在一起的时候,才能最有力量。"事实也正是如此。人类社会之所以能够生存发展、创造前所未有的文明,就是依

---

[1] 《邓小平文选》第二卷,第351页。

靠集体的力量，依靠社会的力量。因此，新时代的公民必须大力弘扬集体主义精神。

4. 以"五爱"为基本要求

"五爱"，就是爱祖国、爱人民、爱劳动、爱科学、爱社会主义。这是新时代道德建设对每一位公民的最基本要求，也是每一位公民都应当承担的法律义务和道德责任。

第一，爱祖国，是一种最崇高的道德情感，是道德规范中最神圣的要求。

爱祖国，是我们中华民族美好的道德传统，是"千百年来巩固起来的对自己的祖国的一种最深厚的感情"，是人们对祖国山川物产、疆土资源、优秀历史传统和绚丽文化艺术的无限珍爱；是对祖国尊严、荣誉、利益和命运的深切关注；是对祖国经济、科学、文化健康发展的由衷渴望；是对外来侵略的刻骨痛恨和坚决反抗；是愿为祖国的独立、统一、繁荣、富强而勇于献身的奉献精神。

爱祖国，是每一位公民高于一切的美德。正如徐特立先生所说："人民不仅有权爱国，而且爱国是个义务，是一种光荣。"一个人可以失去金钱，可以失去事业，可以失去家庭，甚至可以失去生命，但唯独不可以失去祖国。"国破则家亡，国兴则家昌。"

第二，爱人民，是为人民服务这一道德核心的重要体现。

《新时代公民道德建设纲要》把爱人民作为新时代公民道德建

设的基本要求，符合历史发展的要求和规律。毛泽东同志在《论联合政府》中说过："人民，只有人民，才是创造世界历史的动力。"的确，人民，是社会精神财富和物质财富的创造者，是创造世界历史的动力，是推动社会历史前进的决定性力量，是我们伟大祖国的建设者和保卫者。热爱人民，符合历史发展的要求和规律。

把爱人民作为新时代公民道德的基本要求，符合中国共产党人的初心和使命。2019年5月31日，习近平总书记在"不忘初心、牢记使命"主题教育工作会议上的讲话中指出："为中国人民谋幸福，为中华民族谋复兴，是中国共产党人的初心和使命，是激励一代代中国共产党人前赴后继、英勇奋斗的根本动力。"为中国人民谋幸福，为中华民族谋复兴是中国共产党的初心使命。而这一初心和使命坚守完成的前提，就是要爱人民。只有热爱人民，才能永远把人民对美好生活的向往作为奋斗目标，以永不懈怠的精神状态和一往无前的奋斗姿态，继续朝着实现中华民族伟大复兴的宏伟目标奋勇前进。

第三，爱劳动，劳动是防止一切社会病毒的伟大消毒剂。

新时代公民道德建设把爱劳动作为一项基本道德要求，是有着重要作用与意义的。劳动是人类社会存在与发展的基本条件。劳动创造了人本身，劳动推动了生产力的发展，人们通过劳动征服自然、改造自然为人类服务。

劳动是社会人际关系、道德关系存在与发展的基础。劳动创造了人类社会，形成了社会经济关系和社会关系，与此同时，产生了调整人与人之间关系的道德。可以说，人类道德前进的每一步，都是与人类劳动的历史状态相适应的。正如苏联著名文学家高尔基在《论"渺小"的人及其伟大的工作》中所说的："在重视劳动和尊敬劳动者的基础上，我们有可能来创造自己的新的道德。劳动和科学是世界上最伟大的两种力量。"

可见，劳动对社会和人生都有非常重要的道德价值。因此，对劳动的态度就成了衡量每一位公民道德状况的一个重要标准尺度。

说到劳动，也许有人不以为然："劳动不就是干活吗，有什么值得说的呢？"实际上，不能把劳动简单地理解为就是干活。干活只是劳动的一种表现形式，而非它的全部。劳动有着丰富的内涵。劳动"是人们改造自然和改造社会的有目的的活动。人们在改造自然和改造社会的过程中，同时也改造着自身"。

对待劳动，不同思想境界的人有不同的看法。贪图享受者，把它看作是痛苦，当成是折磨；有识之士则把它看作是幸福，当成是锻炼。毫无疑问，前者走向了没落；后者走向了成功。正如法国著名思想家左拉所说："凡是不劳动的人，必然会消灭，必然会变成无用与妨碍的东西，被人抛弃，必然会把位置让给必要的、不可缺的劳动者。"

第四，爱科学，科学能培养我们高尚的道德情操。

人类社会发展的历史表明，科学与道德的关系是密不可分的。

科学不仅是人们认识自然、改造自然、控制自然的力量,不仅是人们获取物质财富的手段,也是人们获得精神解放、推动道德进步的重要工具。

科学,鲁迅称它为"照耀世界的神圣之光",高尔基则教导我们"应当热爱科学,因为人类没有什么力量比科学更强大、更所向无敌"。的确,"科学技术是第一生产力"。没有科技的进步,就没有社会的进步;没有科技的发展,就没有经济的发展。科学技术是社会进步、经济发展的重要因素,是我们建设中国特色社会主义现代化强国的重要手段。所以,我们应该热爱科学,尊重科学,崇尚科学,积极投身到科教兴国的事业中去,这也是新时代公民道德的基本要求。

我们应该热爱科学,科学能为人类造福。这正如俄国著名化学家门捷列夫所说:"科学不但能给青年人以知识,给老年人以快乐,还能使人惯于劳动和追求真理,能为人民创造真正的精神财富和物质财富,能创造出没有它就不能获得的东西。"

我们应当热爱科学,科学能培养我们高尚的道德情操。科学研究是一项艰巨而复杂的劳动。它需要有无畏的探索精神。"在科学的入口处,正像在地狱的入口处一样,必须提出这样的要求:'这里必须根绝一切犹豫;这里任何怯懦都无济于事。'"它需要有顽强的攻关意志。"科学上没有平坦的大道,真理长河中有无数的礁石险滩,只有不畏攀登的采药者,只有不怕巨浪的弄潮儿,才能登上高峰采得仙草，深入水底觅得蛎珠。"它需要有求实谦虚的工作态度。"科学不能丝毫虚伪，它排斥违背事实的众口一致的俗说。"因此，凡是投身科学事业的人，就必须培养自己无畏的探索精神，锻炼自己顽强的攻关意志，确立求实谦虚的工作态度。如此一来，他的道德情操就会更为高尚。

第五，爱社会主义，中国特色社会主义制度是党和人民在长期实践探索中形成的科学制度体系。

爱社会主义明确了中国特色社会主义条件下道德要求的社会价值选择。它从本质上反映了国家和民族的方向和前途，体现了人民的根本利益。它的根本要求就是坚持中国特色社会主义道路，建设有中国特色的社会主义。

党的十九届四中全会提出："中国特色社会主义制度是党和人民在长期实践探索中形成的科学制度体系，我国国家治理一切工作和活动都依照中国特色社会主义制度展开，我国国家治理体系和治理能力是中国特色社会主义制度及其执行能力的集中体现。"

社会主义是中国人民的历史选择。自1840年鸦片战争以来，无数仁人志士，为了中华民族的复兴，前赴后继进行了无数的斗争，但都以失败而告终。是中国共产党用社会主义拯救了中国，使中华民族开始了伟大的复兴。然而，在现实生活中，有人曾对社会主义道路的选择产生过怀疑和动摇。对此，邓小平同志在1984年6月30日会见第二次中日民间人士会议日方委员会代表团时坦诚地谈道：

"人们提出这样一个问题,如果中国不搞社会主义,而走资本主义道路,中国人民是不是也能站起来,中国是不是也能翻身?让我们看看历史吧。国民党搞了二十几年,中国还是半殖民地半封建社会,证明资本主义道路在中国是不能成功的。中国共产党人坚持马克思主义,坚持把马克思主义同中国实际结合起来的毛泽东思想,走自己的道路,也就是农村包围城市的道路,把中国革命搞成功了。如果我们不是马克思主义者,没有对马克思主义的充分信仰,或者不是把马克思主义同中国自己的实际相结合,走自己的道路,中国革命就搞不成功,中国现在还会是四分五裂,没有独立,也没有统一。对马克思主义的信仰,是中国革命胜利的一种精神动力。建国以后,我们从旧中国接受下来的是一个烂摊子,工业几乎等于零,粮食也不够吃,通货恶性膨胀,经济十分混乱。我们解决吃饭问题,就业问题,稳定物价和财经统一问题,国民经济很快得到恢复,在这个基础上进行了大规模经济建设。靠的是什么?靠的是马克思主义,是社会主义。人们说,你们搞什么社会主义!我们说,中国搞资本主义不行,必须搞社会主义。如果不搞社会主义,而走资本主义道路,中国的混乱状态就不能结束,贫困落后的状态就不能改变。所以,我们多次重申,要坚持马克思主义,坚持走社会主义道路。"邓小平同志的这段讲话,更加深了我们对坚持社会主义道路的必要性的理解。

中国特色社会主义是中国走向现代化的必由之路。社会主义制度的建立，为我国社会生产力的发展和社会进步提供了可靠的保证。70年来，我们的社会主义国家，开出了第一台"解放"牌汽车，把贫油的帽子扔进了太平洋；长江天堑变通途，高峡出平湖；蘑菇云腾空升起，"东方红"乐曲绕太空；人工合成了胰岛素，无人飞船"神舟二号"发射成功……天宫、蛟龙、天眼、悟空、墨子、大飞机等重大科技成果相继问世。这一切的一切，都说明了"只有社会主义才能发展中国"。

在现阶段，我国各族人民的共同理想，就是"到建党一百年时建成经济更加发展、民主更加健全、科教更加进步、文化更加繁荣、社会更加和谐、人民生活更加殷实的小康社会，然后再奋斗三十年，到新中国成立一百年时，基本实现现代化，把我国建成社会主义现代化国家。"①

2019年10月31日，中国共产党第十九届中央委员会第四次全体会议通过的《中共中央关于坚持和完善中国特色社会主义制度 推进国家治理体系和治理能力现代化若干重大问题的决定》指出："新中国成立七十年来，我们党领导人民创造了世所罕见的经济快速发展奇迹和社会长期稳定奇迹，中华民族迎来了从站起来、富起来到强起来的伟大飞跃。实践证明，中国特色社会主义制度和国家治理体系是以马克思主义为指导、植根中国大地、具有深厚中华文化

---

① 习近平，《决胜全面建成小康社会夺取新时代中国特色社会主义伟大胜利——在中国共产党第十九次全国代表大会上的报告》，人民出版社，2017年10月18日。

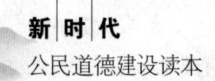

根基、深得人民拥护的制度和治理体系，是具有强大生命力和巨大优越性的制度和治理体系，是能够持续推动拥有近十四亿人口大国进步和发展、确保拥有五千多年文明史的中华民族实现'两个一百年'奋斗目标进而实现伟大复兴的制度和治理体系。"

事实证明："只有社会主义才能救中国，只有社会主义才能发展中国。"所以，我们要爱社会主义。

二、坚持以社会主义核心价值观为引领

党的十八大报告在强调建设社会主义核心价值体系的基础上，首次提出了"倡导富强、民主、文明、和谐，倡导自由、平等、公正、法治，倡导爱国、敬业、诚信、友善，积极培育社会主义核心价值观。"党的十八大之后，党中央又确定了以"富强、民主、文明、和谐、自由、平等、公正、法治、爱国、敬业、诚信、友善"这24个字为社会主义核心价值观的内容。

《纲要》强调："坚持以社会主义核心价值观为引领，将国家、社会、个人层面的价值要求贯穿到道德建设各方面，以主流价值建构道德规范、强化道德认同、指引道德实践，引导人们明大德、守公德、严私德。"

第一章
新时代公民道德建设的总体要求

1. 富强、民主、文明、和谐

"富强、民主、文明、和谐"是从国家层面提出的国家主导价值观,在核心价值观中居于统领地位。

第一,富强,是中国特色社会主义现代化国家的应然状态。习近平总书记在解读中国梦时说,实现中华民族伟大复兴的中国梦,就是要实现国家富强、民族振兴、人民幸福。"富"是民之本,"强"是国之基。没有富强,就失去了讨论其他一切问题的基础。

富强这个核心价值观集中体现了中国特色社会主义现代化的价值目标和价值追求,不仅意味着物质财富持续增长,而且意味着制度的合理化提升,更意味着国家竞争力的增强,与我们全体人民寻求民族复兴的共同愿景是高度契合的,是一个凝聚人心、鼓舞士气、激发活力、振奋精神的价值目标。

第二,民主,人民幸福美好生活的可靠政治保障。《中华人民共和国宪法》第二条明确规定:"中华人民共和国的一切权力属于人民。"党的十八大报告指出:"人民民主是我们党始终高扬的光辉旗帜"、"人民民主是社会主义的生命";党的十九大报告进一步强调:"我国是工人阶级领导的、以工农联盟为基础的人民民主专政的社会主义国家,国家一切权力属于人民。我国社会主义民主是维护人民根本利益的最广泛、最真实、最管用的民主。发展社会主义民主政治就是要体现人民意志、保障人民权益、激发人民创造活力,

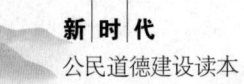

用制度体系保证人民当家作主。"

人民当家作主,是社会主义的本质要求和价值目标。社会主义从其作为理想诞生之日起,就同民主密切地联系在一起。科学社会主义创始人马克思和恩格斯始终把争取民主、建设民主、实现人民当家作主作为社会主义的必然进程和奋斗目标,强调"工人革命的第一步就是使无产阶级上升为统治阶级,争得民主"。列宁也强调民主对社会主义的极端重要性,指出"没有民主,就不可能有社会主义"。邓小平则进一步强调:"没有民主就没有社会主义,就没有社会主义的现代化。"习近平总书记指出:"发展社会主义民主政治就是要体现人民意志、保障人民权益、激发人民创造活力,用制度体系保证人民当家作主。"

人民民主是社会主义的生命。没有民主就没有社会主义,就没有社会主义的现代化,就没有中华民族的伟大复兴。我国社会主义民主是维护人民根本利益的最广泛、最真实、最管用的民主。

习近平总书记在党的十九大报告中指出:"有事好商量,众人的事情由众人商量,是人民民主的真谛。"在人民内部各方面进行广泛商量的过程,就是发扬民主、集思广益的过程,就是实现人民当家作主的过程。

第三,文明,中华民族伟大复兴的灵魂支撑。社会主义核心价值观中所倡导的"文明",特指在中国特色社会主义条件下人们精神的丰富和思想的进步。它在文化软实力建设中居于重中之重的地位。

第一章
新时代公民道德建设的总体要求

2014年3月27日，习近平总书记在巴黎联合国教科文组织总部系统阐释了传统文化与中国梦："没有文明的继承和发展，没有文化的弘扬和繁荣，就没有中国梦的实现"，"实现中国梦，是物质文明和精神文明比翼双飞的发展过程。"

文明是一个国家之精神风貌的展现，是国民整体素质的凝结，更是一个民族的灵魂。

文明是社会发展进步的重要标志。促进人的文明进步，是中国共产党矢志不移的追求。习近平总书记在十九大报告中强调要求："要提高人民思想觉悟、道德水准、文明素养，提高全社会文明程度。"

第四，和谐，社会发展的可靠保证。著名国学大师季羡林老先生生前在北京301医院住院期间，时任国务院总理的温家宝同志曾先后5次前往看望。有一次，二人饶有兴趣地探讨了"和谐"这个话题，季羡林先生说："有个问题我考虑很久，我们讲和谐，不仅要人与人和谐，人与自然和谐，还要人内心和谐。"季老指出，人的内心和谐是和谐社会的一个高境界，是和谐社会的新层次，即精神面貌和谐、道德和谐。和谐社会是人们的物质生活非常丰富、宽裕的社会。但是，即使处在这样一个社会里，如果人们的精神、思想不健康，那么，这样的社会还不能算是完全的和谐社会。所以说，如果没有人的内心和谐，和谐社会注定只是表面的或低层次的。

季老不仅告诉了我们什么是内心和谐，而且强调了人的心理和谐是社会和谐的基础。和谐社会孕育心理和谐，心理和谐造就和谐社会。党的十六届六中全会通过的《中共中央关于构建社会主义和谐社会若干重大问题的决定》首次明确提出，在构建社会主义和谐社会中，要"注重促进人的心理和谐"，"塑造自尊自信、理性平和、积极向上的社会心态"。这一论断强调，和谐社会不仅是指社会生活秩序或状态的和谐、安定，也包括社会成员心理的健康、和谐。

2. 自由、平等、公正、法治

"自由、平等、公正、法治"是针对社会层面提出的社会主流价值观，是核心价值观的重要支柱。

第一，自由，是社会主义的价值理想。追求自由是人类的永恒课题。有史以来，人类从未停止探索和追求自由的脚步。人类的历史，也可以说是一部从自然、他人和自身奴役中逐步获得解放的历史。

从"生命诚可贵，爱情价更高。若为自由故，两者皆可抛"，到"自由的有意识的活动恰恰就是人类的特性"，等等，这些都充分体现了人们对自由的向往和不懈追求。

自由，在政治上主要是指公民享有的合法权益，也就是人们在法律规定的范围内拥有自由言论、自由行动、不受限制的权利。一般来讲，自由有三种表现形式：思想自由、言论自由和行为自由。

从哲学层面讲，马克思主义认为自由是对客观规律的把握和对客观世界的积极改造。自由是对各种规律的掌握。越是掌握了自然的规律、社会的规律、人自身的规律，就越自由。

自由是社会主义最重要的价值理想，是社会主义核心价值观的本质要求。

第二，平等，是指人们在一定历史阶段的交往过程中处于同等的社会地位，在社会各领域享有同等权益，履行同等义务的理念、原则和制度。

公民在法律面前一律平等，其价值取向是不断实现实质平等，它要求尊重和保障人权，人人依法享受平等参与、平等发展的权利。

平等反映了人与人相互关系的对比状况，是衡量人类文明进步的重要标准，也是人类向往的理想价值。

在当代中国，平等，就是人民群众享有平等的政治地位和社会地位，享有平等的经济、社会和文化权利，获得有尊严的生存和全面发展。

平等是人类普遍向往的价值理想，是社会主义的核心价值追求，是实现中国梦的精神动力，是维护社会公平正义的基础，是人们友好相处的必要前提。

平等也是社会主义的根本追求。《中华人民共和国宪法》规定，中华人民共和国公民，在法律面前一律平等，同时规定男女之间、各民族之间都是平等的。

平等主要是权利的平等，不是先天条件的平等，不管你性别如

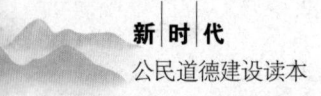

何，出生家庭如何，大家的基本权利是平等的。

一个平等的社会，一定是让每个人不受歧视的社会，是在公平的规则下，通过自己的努力，可以掌握自身命运的社会，是人人都能享受基本公平服务的社会，是"王子犯法与庶民同罪"的社会。

第三，公正，是社会进步的重要动力。公正，即公平正义。《辞源》对于公正的解释是："不偏私，正直。""公正"与私相对，即不偏不倚、正直，没有私心。

公平正义是人类社会的共同追求，也是人类社会最敏感的中枢神经。公正是社会进步的重要动力，社会化解社会矛盾的根本原则，是构建中国特色社会主义和谐社会的重要基础。

要大力弘扬公平正义精神，努力使社会成为一个公正的社会，使公正成为社会最重要的价值取向，成为评价人的行为和社会制度是否合理的基础性尺度和准则。

中国共产党人始终坚持把实现公平和正义作为社会主义的重要内容加以推进。

中国共产党从诞生之日起，就以追求和实现公正为己任。党领导人民取得新民主主义革命的胜利，推翻"三座大山"，实现民族独立和人民解放，是为了促进社会公平正义；党领导人民进行社会主义革命、建设和改革，不断增强综合国力，提高人民生活水平，也是为了促进社会公平正义。

"就本质而言，自成立至今，中国共产党对社会公正的功能定位无疑更加具有'目的'的意蕴。社会公正的功能之所以定位于激发社会革命、促进经济社会发展的前提，首要原因在于社会公正是激发社会革命、促进经济社会发展的结果。也就是说，中国共产党不是为了革命而革命，也不是为了经济社会的发展而发展，而是为了建立更加公正合理的社会制度，使人民过上幸福安康的生活。"①

第四，法治，是守护心灵的最后防线。法治是人类文明社会的重要特征，也是中国特色社会主义的重要内容。法治社会要求任何组织或者个人都不得有超越宪法和法律的特权，绝不允许以言代法、以权压法、徇私枉法。

法治是实现政治清明的必由之路，是实现自由平等、公平正义的重要保障，是实现社会稳定的可靠保障，是守护心灵的最后防线。

《中共中央关于坚持和完善中国特色社会主义制度 推进国家治理体系和治理能力现代化若干重大问题的决定》要求："必须坚定不移走中国特色社会主义法治道路，全面推进依法治国，坚持依法治国、依法执政、依法行政共同推进，坚持法治国家、法治政府、法治社会一体建设，加快形成完备的法律规范体系、高效的法治实施体系、严密的法治监督体系、有力的法治保障体系，加快形成完善的党内法规体系，全面推进科学立法、严格执法、公正司法、全

---

① 范广军：《中国共产党社会公正的功能定位》，《当代世界与社会主义》，2009年第2期。

民守法，推进法治中国建设。"

法治要求全体公民做社会主义法治的忠实崇尚者、自觉遵守者、坚定捍卫者。

3. 爱国、敬业、诚信、友善

"爱国、敬业、诚信、友善"是立足个人层面提出的公民个人的道德价值准则，是社会主义核心价值观的重要基础。

第一，爱国，是实现中国梦的强大精神力量。2012年11月29日，新一届中央领导集体在国家博物馆参观《复兴之路》展览时，习近平总书记提出了实现中华民族伟大复兴的中国梦。实现中华民族伟大复兴的中国梦，就是要实现国家富强、民族振兴、人民幸福。

如何实现中国梦？习近平总书记指出："实现中国梦必须弘扬中国精神。这就是以爱国主义为核心的民族精神，以改革创新为核心的时代精神。"

千百年来的历史实践证明，爱国主义始终是把中华民族紧密团结在一起的精神力量。实现中国梦，必须要弘扬这种伟大的民族精神。有了这种精神，中华民族就能共抵外辱，共克时艰，就会形成推动中国梦实现的强大精神力量。

爱国，既是中华民族的精神力量，是中华民族前进的动力，也是个人实现人生价值的巨大力量源泉。著名数学家华罗庚先生人生

第一章
新时代公民道德建设的总体要求

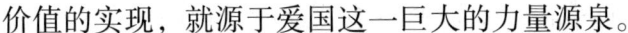

价值的实现,就源于爱国这一巨大的力量源泉。

1950年,身在美国的华罗庚听到祖国解放的消息,便放弃了在美国的终身教授职务,毅然决定带领全家回国。在香港,他发表了著名的《致中国全体留美学生的公开信》。他在信中写道:"朋友们!'梁园虽好,非久居之乡',归去来兮!……总之,为了抉择真理,我们应当回去;为了国家民族,我们应当回去;为了为人民服务,我们也应当回去;就是为了个人出路,也应当早日回去,建立我们工作的基础,为我们伟大祖国的建设和发展而奋斗!"

回国后,华罗庚进行应用数学的研究,足迹遍布全国23个省、市、自治区,用数学解决了大量生产中的实际问题,被称之为"人民的数学家"。

第二,敬业,是承担职业道德责任的具体体现。在任何一种职业活动中,无论是谁都必然要与他人、与社会发生并保持着各种联系。由于这些联系,便形成了种种特定关系,又由这种种特定关系产生出诸多义务。凡与自己本职工作有关的义务就是职业义务。为保持并发展已形成的或将要建立的一系列联系、关系,就必须自觉地担负起对社会、对他人负有的使命、职责和任务。也就是说,必须自觉地履行应尽的职业道德责任,而敬业恰恰是从业人员承担职业道德责任的具体体现。

从业人员承担了职业道德责任,他就会在热爱自己本职工作的基础上,无论处在什么样的工作环境中,都能保持乐观向上的心理状态，以饱满、激昂的斗志，善始善终地完成所承担的任务；他就会在从事职业劳动的过程中，不计较个人的利害得失，埋头苦干，真心实干，精益求精，呕心沥血，殚精竭虑。如此一来，他的工作就会做得更加出色，做得更为成功。

第三，诚信，是各种职业道德的精髓。诚信是一个人必须具备的道德素质和品格，是踏入社会、扎根社会的通行证，是实现自我价值和社会价值的最大资本。

个体品德的修养首先是要有一颗真诚的心。所谓"诚"，首先是"毋自欺"，不自欺欺人，而要实实在在、真真切切。人如果做不到对自己真诚，其他一切品德的修炼都无从谈起。可以说，诚信所达到的程度决定着一个人修德所达到的高度。

"人无信不立"，讲诚信是对人的基本要求。在人类社会的历史长河中，诚信的原则都是人在行为选择中需要遵从的第一原则。

"没有至少一定程度的诚信，个人就站立不起来。说出话来没人信你，连你自己也会感到怀疑、感到绝望。你自己成了前后不一、言行不符的断片，而不是一个完整的人，更不要说谎言和不守诺将对社会带来的危害以及它在道德上属于恶这样一种基本性质了"。[1]

因而，一个人只有首先对自己诚信，才能自立、自信；反之，

---

[1] 何怀宏：《良心论—传统良知的社会转化》，上海：上海三联书店，1998年出版，第138页。

必然导致"自欺"。自欺的人也必然会欺人，这样一来，良好的、和谐的人际关系就难以建立。

正如古人所言："学者不可以不诚，不诚无以为善，不诚无以为君子。修学不以诚，则学杂；为事不以诚，则事败；自谋不以诚，则是欺其心而自弃其忠；与人不以诚，则是丧其德而增人之怨。"（《河南程氏遗书》卷二十五）

诚信是做人最起码的道德品质，是为人处世最基本的行为规范，是各种职业道德的精髓。一个不具备诚信品质的人，将无法获得他人的信任和尊重，将无法获得社会的支持和帮助，最终会被他人和社会所唾弃。一个真诚而讲信用的人，自然会受到他人和社会的尊重与青睐。

第四，友善，让世界充满阳光。友善，被列入社会主义核心价值观，是社会主义价值体系生活化、大众化的重要体现。友善是处理人与人之间的关系、人与社会的关系、人与自然关系的基本准则。

法国著名的文学家雨果有一句名言："友善是精神世界的阳光。"这句名言生动而形象地道出了友善的价值功能。没有友善的世界是一个黑暗的世界；没有友善的社会是一个冷漠的社会。

现代社会人际关系趋于紧张是一个不争的事实。这既有来自社会竞争加大压力增加的因素，也有来自价值观多元差异性增强的因素。紧张的人际关系会影响社会的和谐稳定，影响人的身心健康，影响组织目标的实现。而友善价值观的确立，能引导人们把竞争者看作是共同奋斗共同进步的战友，而非你死我活的对手。不仅如此，友善的价值观，还能引领人们以开放的胸襟、包容的心态去面对他人的价值认同，在工作生活中求大同存小异。

三、坚持在继承传统中创新发展

《纲要》强调，新时代公民道德建设，要"坚持在继承传统中创新发展，自觉传承中华传统美德，继承我们党领导人民在长期实践中形成的优良传统和革命道德，适应新时代改革开放和社会主义市场经济发展要求，积极推动创造性转化、创新性发展，不断增强道德建设的时代性实效性。"

马克思主义认为，无产阶级对历史上劳动人民的道德遗产是要批判地继承。虽然不同时期道德内容和要求有所不同，但历史上的道德遗产仍不乏具有对我们起积极作用的东西。

1. 自觉传承中华民族的传统美德

我们中华民族有着悠久的文明历史，有着博大精深的传统文化。在悠久的文明历史、博大精深的传统文化中，有着许多合理的、进步的道德观，是值得我们继承与发扬的。如在个人的道德修养上，中国古代德治思想强调要"修身、齐家、治国、平天下"，将个人的道德修养作为头等大事来考虑；在人与人之间的关系上，中国古代德治思想强调要"仁者爱人"，也就是说，人与人之间要相互爱护、相互友好。有道德修养的人总是时时处处关心、爱护、帮助他人；在人与国家的关系上，中国古代德治思想主张"国而忘家，公而忘私"，"先天下之忧而忧，后天下之乐而乐"，强调以国家、民族利益为重，必要时，不惜牺牲个人的利益而维护国家的利益；在人与自然的关系上，中国古代德治思想强调"尽物之性"、"斧斤以时入山林"，反对乱砍滥伐。这些道德观念都是有益于国家、有益于社会、有益于人民的，值得我们总结、继承、借鉴和发扬的。

但是，我们也应该清醒地看到，我国的传统道德是在几千年来小农经济和封建专制的基础上形成的，它必然要带有时代的烙印。它的内容要求与社会主义现代化生活和时代特征是不完全相适应的，因此，对传统道德不能采取"拿来主义"的态度，简单地搬来就用，而应该"弃其糟粕，取其精华"批判地传承。

2. 继承党的优良传统和革命道德

中国共产党领导人民在长期实践中形成了优良传统和革命道德，如艰苦奋斗、毫不利己、专门利人、无私奉献、全心全意地为人民服务等优良传统。这些优良传统和革命道德是新时代公民道德建设的珍贵精神财富，必须继承并发展。

革命道德传统，是中国共产党在长期的革命斗争和社会主义建设事业中形成的优良道德传统。其中最光辉、最值得我们记取的可以说是延安传统。

延安传统是在20世纪三四十年代党领导革命斗争的延安时期，在众多的中国共产党人身上展示出来的优秀品德。如对理想的执着追求精神、热爱祖国的精神、艰苦奋斗精神、为事业献身的精神、为民造福的精神、公而忘私的精神等。

当时之所以能在众多的共产党人身上体现出种种优秀品德，与马克思列宁主义的指导有关，与救亡图存的时代呼声有关，与逆境的激发砥砺有关，同时也与中华民族传统美德的影响有关。

党在延安时期之所以能形成一种优良的道德风尚，还与一大批身居要职的党的领导人的表率作用有关。孟子说："上有好者，下必有甚焉者矣。"荀子说："君者，民之源也，源清则流清，源浊则流浊。"朱子说："上行下效，捷于影响。"道德行为的表率作用，西方学者称之为"骨牌效应"，一张骨牌倒下，会碰倒一连串骨牌；一个善或不善的行为，会在社会上引发一连串的连锁反应。

中国共产党延安时期的党风之所以优良，其中一个极为重要的原因就在于毛泽东、刘少奇、周恩来、朱德等一大批居于领导地位的人体现出一种高尚的道德风范。这种风范的影响，远非文字宣传品所能相比，是形成一定时期的社会道德风气的最为重要的原因。这也是我们在继承延安精神时，所应该记取的。

第一章
新时代公民道德建设的总体要求

社会主义是在继承人类社会一切文明成果的基础上产生和发展起来的，作为社会主义精神文明重要组成部分的道德，也能够而且必须继承人类社会在道德建设中的一切优秀成果。这样，才能使我们的道德规范体系更趋丰富和完善。

3. 增强道德建设的时代性实效性

道德是一定社会、一定时代的产物，其内容是当时社会经济生活需要的反映。因此，随着社会形态的变更，社会道德内容也会发生变化。社会发展到今天，人们的社会生活领域不断扩大，人际交往日趋频繁复杂，社会道德的内容和要求必然会随之发展和升华。

新时代的社会道德，既要包含和继承过去行之有效的约定俗成的内容，又要创造和概括出为现实所需要的明文规定的要求，"与时俱进"。

例如，当人类还不知道烟草为何物时，没有吸烟的嗜好，因此，也就没有必要对吸烟做道德上的规定。但随着吸烟习惯的流行，随着人们对吸烟危害程度了解的加深，禁止在公共场所吸烟的公德规定就应运而生了。这无疑是道德的进步与发展。

例如，当社会还没有互联网时，就不会有"抓好网络空间道德建设"的议题，但互联网已经蓬勃发展，成为社会生活常态时，抓好网络空间道德建设，就成为新时代公民道德建设的题中应有之义了。

因此，新时代公民道德建设必须在自觉传承中华传统美德，继承我党领导人民在长期实践中形成的优良传统和革命道德的基础上，适应新时代改革开放和社会主义市场经济发展的要求，积极推动创造性转化、创新性发展，不断增强道德建设的时代性实效性。

四、坚持提升道德认知与推动道德实践相结合

《纲要》要求，新时代公民道德建设要"坚持提升道德认知与推动道德实践相结合，尊重人民群众的主体地位，激发人们形成善良的道德意愿、道德情感，培育正确的道德判断和道德责任，提高道德实践能力尤其是自觉实践能力，引导人们向往和追求讲道德、尊道德、守道德的生活。"这实际上是强调新时代公民道德建设要知行合一。

知行合一，是明朝著名思想家王阳明提出来的哲学思想。所谓知行合一，是说认识事物的道理与践行此道理是密不可分的一回事。王阳明说："知是行的主意，行是知的工夫，知是行之始，行是知之成。""未有知而不行者。知而不行，只是未知。"在王阳明看来，道理是行动的指导思想，而行动是指导思想实现的功夫。思想是行动的起始点，行动是思想的落脚点。还没有真正懂得道理而不行动者，如果知道了道理而不行动，则只是没有真正懂得道理。

第一章
新时代公民道德建设的总体要求

习近平总书记多次强调"知行合一"。2013年7月11日至12日,他在河北省调研指导党的群众路线教育实践活动时强调,要以知促行、以行促知、知行合一。2014年1月,他在中央党的群众路线教育实践活动第一批总结暨第二批部署会议上强调,"知"是基础、是前提,"行"是重点、是关键,必须以知促行、以行促知,做到知行合一。

新时代公民道德建设也是如此,既要激发每一个公民形成善良的道德意愿、道德情感,培育正确的道德判断和道德责任,还要提高每一个公民的道德实践能力尤其是自觉实践能力。

1. 要使每个社会成员都有一颗道德心

要提高社会道德水平,最重要的是要使每个社会成员有一颗道德心,即形成善良的道德意愿、道德情感。

从社会道德建设的内在规律和实践经验看,规范和必要约束固然重要,但这毕竟是外在的东西,更重要的还是要增强公民的道德意识,使遵守社会道德真正成为人们的内在意识和自觉行动。

为此,加强新时代公民道德建设,必须在提高道德建设重要性和必要性的认识上下功夫,切实改变一些人思想上不同程度存在的片面认识,甚至模糊观念,使遵守社会道德真正成为大家的共识。

有人把一些人违背道德的行为归咎于市场经济,认为是因为发展了市场经济才使得他们私欲膨胀、道德沦丧。这是一种认识上

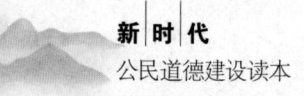

的误区。

社会主义市场经济在本质上与社会道德是相得益彰、相互促进的。发展社会主义市场经济，需要创造稳定、协调、有序的社会经济环境，而这种环境的创造，有赖于遵循市场规则，按市场规则办事的"经济人"。这就是说，市场经济体制下的"经济人"首先要成为一个"道德人"，以诚实、守信、公正等道德原则自律。

有人把社会道德看成可有可无的小事，认为只要发展了经济，有了金钱，就万事大吉了。这又是一种认识误区。

市场经济为社会道德的发展提供了更加广阔的社会背景，但同时也深切地呼唤着道德建设。没有道德的辅佐，社会的现代化和人的现代化都只能是畸形的。改革开放的总设计师邓小平同志说得很清楚："风气如果坏下去，经济搞成功又有什么意义？会在另一方面变质，反过来影响整个经济变质，发展下去会形成贪污、盗窃、贿赂横行的世界。"[①]可见，在市场经济条件下，加强公民道德建设决不是可有可无的小事，而是必须认真抓的大事。

《纲要》指出："坚持和发展中国特色社会主义，需要物质文明和精神文明全面发展、人民物质生活和精神生活水平全面提升。中国特色社会主义进入新时代，加强公民道德建设、提高全社会道德水平，是全面建成小康社会、全面建设社会主义现代化强国的战

---

① 《邓小平文选》第三卷，第154页。

略任务,是适应社会主要矛盾变化、满足人民对美好生活向往的迫切需要,是促进社会全面进步、人的全面发展的必然要求。"

2. 加强公民道德建设,必须付诸行动

美国著名思想家爱默生说过:"没有行动,思想永远不能成熟而化为真理。"加强公民道德建设也是如此,必须付诸行动,就是要知行合一。

第一,要从自身做起。要用高尚的道德来要求自己,来进行自我教育,不断增强自己的社会道德意识,并用自己的一言一行来推动社会道德建设,促进社会道德水平的提高。

从自身做起,要严于律己。要自觉严格地要求自己,管住自己,管好自己。无论在什么条件下,凡是符合人民利益,为社会增光添彩的事,就要坚决地去做,大胆地去做,而那种危害人民利益、给社会抹黑的事就坚决不去做。生活中我们常常会严格地要求别人,而忽略了我们自己也有不足,"己之不正,焉能正人?"如果我们都能"以责人之心责己",那么我们不但能强化自身的道德修养,而且能影响他人,起到能动作用。

从自身做起,要防微杜渐。防微杜渐就是要求我们在不良思想和行为刚冒出头的时候,就能及时予以制止,而不能任其发展,以致铸成大错。"千里之堤,溃于蚁穴"说的就是这个道理。如果一个人不从自我做起,在日常工作和生活中不注意自己的社会道德修

养，对微小的不良念头、错误行为不及时纠正，而是听之任之，那么习惯成自然后，就可能影响自己的一生，使自己成为一个社会道德水准低下的人。

从自身做起，要重视慎独。所谓慎独，就是在无人监督的情况下，仍能坚持自己的道德信念，自我监督，自我约束，自觉地按照道德规范的要求去做。

我国自古以来就有重视"慎独"的传统，认为它是一种重要的道德品质，是个人修养提升的重要途径和高尚的境界。

一般说来，在众人的眼皮子底下，在组织和领导的监督之下每个人都较能注意自己的言行，注意自己的道德修养。但在"无人监督之处"，却容易放松自己的要求，甚至做一些为人所不齿的事。只"畏人知"，而不"畏己知"。实际上，在没有别人的监督和压力的情况下，自己的念头是不是错误，自己的行为能不能检点，能不能做到谨慎不苟，不说不道德的话，不做不道德的事情，这是对个人的社会道德修养的一个考验，也是一个可靠的判断标准。如果一个人独处时能遵守社会道德，那么他的社会道德修养肯定达到了一个较高的水平。

第二，从现在做起。从自身做起，强调的是遵守社会道德的个人责任，从现在做起，强调的是我们每个公民对遵守社会道德都应有紧迫感。从现在做起，就是从今天做起，想到就做到，说做就做，做就做好，为提高社会道德水平而不断努力。

第一章
新时代公民道德建设的总体要求

建设现代化文明是一个长时期的过程，由一个又一个阶段组成，每个阶段都有相应的任务，必须一个个地来加以实现。同样，我们每个人在社会上随时都会遇到各种各样的道德问题，需要马上予以回答，可以说，我们时时处处都有可能接受社会道德的考验，如果光有一个要提高社会道德的愿望，没有从现在做起的行动，一切就会落空。

从现在做起，就是要求我们每一位公民积极树立时不待我的紧迫感，不等待，不观望，脚踏实地从今日做起，从眼前做起。正如毛泽东同志所提出的"多少事，从来急；天地转，光阴迫。一万年太久，只争朝夕。"

只有从现在做起，把握住今天，才能把握住明天。《今日诗》讲得好："今日复今日，今日何其多！今日又不为，此事何时了！人生百年几今日，今日不为真可惜！若言姑待明朝至，明朝又有明朝事。为君聊赋今日诗，努力请从今日始。"

在社会道德修养中从现在做起。主要是结合社会工作和社会生活实际，学习知晓社会道德知识，掌握社会道德原则、规范以及各种具体要求，并付诸实践，见于行动。要做到有认识有行动，言行一致，表里如一。在社会道德实践中，不断提高自身的社会道德修养和境界，从而不断提高整个社会的文明程度。

第三，从点滴做起。"积小节而成伟大"。从一点一滴做起，就是在社会道德实践中，从大处着眼，从小处着手，一点一滴，日

积月累,不断提高公民道德修养水平的境界。

公民道德修养必须从一点一滴做起,这是由社会道德品质的形成以及高尚道德的实现必须有一个长期的过程所决定的。社会道德的全面弘扬,不可能一蹴而就。雷锋同志的高尚道德品质,是他在日常生活中日积月累的助人为乐的小事中积淀而成的。

提高公民道德修养水平,必须从大处着眼,从小处入手。

所谓大处,就是我们社会道德修养的目标,是要形成良好的社会道德风尚,促进物质文明与精神文明协调发展;是要建设伟大工程、推进伟大事业、实现伟大梦想,着眼构筑中国精神、中国价值、中国力量,促进全体人民在理想信念、价值理念、道德观念上紧密团结在一起,在全民族牢固树立中国特色社会主义共同理想;是要不断提升公民道德素质,促进人的全面发展,培养和造就担当民族复兴大任的时代新人。

所谓小处,就是从诸如团结友善、助人为乐、爱护公物、保护环境、遵纪守法等方面做起,从遵守市民文明守则和行为规范做起,从最基本最起码的小事做起,通过反复实践,不断努力,为创建现代文明作出自己应有的贡献。

"勿以恶小而为之,勿以善小而不为"。"不积跬步,无以至千里,不积细流,无以成江海"。这些名言包含着深刻的道理。

从大处着眼,从小处着手,防微杜渐,积小善而成大德,这是我们在实践中进行道德修养,逐步增强自己社会道德水平的有效方法。

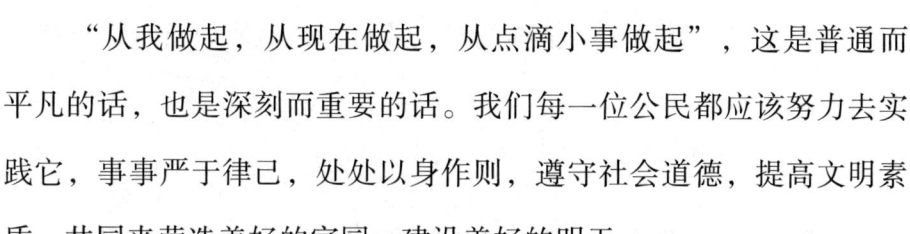

"从我做起,从现在做起,从点滴小事做起",这是普通而平凡的话,也是深刻而重要的话。我们每一位公民都应该努力去实践它,事事严于律己,处处以身作则,遵守社会道德,提高文明素质,共同来营造美好的家园,建设美好的明天。

3. 提升道德认知与推动道德实践相结合的方法

中国共产党历来重视工作方法,毛泽东同志早在建党初期就形象地把方法问题比喻为过河用的桥和船。并认为不解决方法问题,完成任务也是瞎说一顿。由此可见,方法问题,对于任何工作,都具有重要性。

今天,提升道德认知与推动道德实践相结合,同样也要讲究方法。其中典型示范、积极引导,就是一种有效的方法。

典型示范、积极引导,就是用先进人物的高尚情操、模范行为来教育影响他人的一种方法。榜样的力量是无穷的。长期以来我党一直都非常重视运用"榜样的力量"来鼓舞广大人民群众为创造美好的未来而奋斗。20世纪五六十年代雷锋、焦裕禄、王进喜等模范人物,曾极大地鼓舞了亿万人民建设祖国的高涨热情。2019年为隆重庆祝中华人民共和国成立70周年,经党中央批准,中共中央宣传部等部门决定在全国范围广泛开展"最美奋斗者"学习宣传活动,在这次活动中评选出的南仁东、李保国、张富清等278名最美奋斗者,也将激励全国各族人民培养爱国之情、砥砺强国之志、实践报国之行,始终做爱国主义精神的坚定践行者,始终做新时代长征路上的不懈奋斗者。

五、坚持发挥社会主义法治的促进和保障作用

《纲要》强调,新时代公民道德建设,要"坚持发挥社会主义法治的促进和保障作用,以法治承载道德理念、鲜明道德导向、弘扬美德义行,把社会主义道德要求体现到立法、执法、司法、守法之中,以法治的力量引导人们向上向善。"

1. 法治是新时代公民道德建设的根本保障

习近平总书记强调,法治是人类文明的重要成果之一,法治的精髓和要旨对于各个国家治理和社会治理具有普遍意义。

新时代公民道德建设作为社会治理的一项重要内容,其根本保障就是法治。法治是理性之治,是长效之治,是普遍之治。

立足新时代公民道德建设,必须强化法治的力量,更多地运用法治思维构建社会道德建设规则体系,以法治承载道德理念、鲜明道德导向、弘扬美德义行。

2. 以法治的力量引导人们向上向善

法律与道德都属于社会的上层建筑,都是调整人与人之间相互

关系的最重要的行为规范。但是这两者既互相联系，又互相区别，相辅相成，彼此共同成为维护社会稳定的两种根本手段。

虽然法律与道德都属于社会的上层建筑，都是调整人与人之间相互关系的最重要的行为规范，但在建设法治社会的新时代，我们需要把社会主义道德要求体现到立法、执法、司法、守法之中，以法治的力量引导人们向上向善。

因为法律具有强制性。它是国家制订的，并通过执法机关强制执行的规范，法治对道德有着很强的促进作用。法治通过立法手段选择一定的道德，这便进一步推进了道德的普及；法治通过对严重不道德行为的严惩，通过对崇高善良行为的保护与鼓励，从而抑制了邪恶，弘扬了积极向上的道德精神。

3. 以法治承载道德理念

以法治承载道德理念，显示出法律和道德的相互联系。这主要表现在法律规范和道德规范在内容上往往是直接重合的，在实际生活中是相互渗透的。

这就是说，凡是法律规定的行为，也会受到道德的支持。如《婚姻法》第二条规定："实行婚姻自由、一夫一妻、男女平等的婚姻制度。保护妇女、儿童和老人的合法权益。"第三条规定："禁止包办、买卖婚姻和其他干涉婚姻自由的行为。禁止借婚姻索取财物。禁止重婚。禁止有配偶者与他人同居。禁止家庭暴力。禁止家

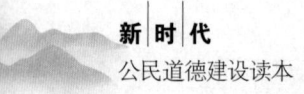

庭成员间的虐待和遗弃。"第四条规定:"夫妻应当互相忠实,互相尊重;家庭成员间应当敬老爱幼,互相帮助,维护平等、和睦、文明的婚姻家庭关系。"

这里,每一条婚姻法律规范同时又是婚姻家庭道德规范,法治承载着道德理念。这就要求人们在家庭生活中,既要遵循婚姻法律规范,又要遵循婚姻家庭道德规范。

六、坚持积极倡导与有效治理并举

《纲要》要求,新时代公民道德建设要"坚持积极倡导与有效治理并举,遵循道德建设规律,把先进性要求与广泛性要求结合起来,坚持重在建设、立破并举,发挥榜样示范引领作用,加大突出问题整治力度,树立新风正气、祛除歪风邪气。"

新时代公民道德体系层次结构的构建,是与我国社会主义初级阶段的发展水平相适应的,是符合社会主义初级阶段人们的思想特点和水平的,也是与社会发展趋势相适应的。它反映了在道德建设问题上先进性要求和广泛性要求的有机结合。

1. 广泛性要求的提出,符合现阶段公民的思想觉悟水平

《纲要》指出:"在国际国内形势深刻变化、我国经济社会深刻变革的大背景下,由于市场经济规则、政策法规、社会治理还不

够健全，受不良思想文化侵蚀和网络有害信息影响，道德领域依然存在不少问题。一些地方、一些领域不同程度存在道德失范现象，拜金主义、享乐主义、极端个人主义仍然比较突出；一些社会成员道德观念模糊甚至缺失，是非、善恶、美丑不分，见利忘义、唯利是图、损人利己、损公肥私；造假欺诈、不讲信用的现象久治不绝，突破公序良俗底线、妨害人民幸福生活、伤害国家尊严和民族感情的事件时有发生。"

在此背景下，新时代公民道德规范提出了广泛性的要求，积极鼓励一切有利于国家统一、民族团结、经济发展、社会进步的思想道德。这符合社会主义初级阶段的经济发展状况，符合社会主义初级阶段人们的思想觉悟水平。

2. 高层次道德目标的确立，符合社会主义的发展方向

《纲要》不仅确立了初级阶段公民的基本道德规范，也确立了高层次的道德目标。大力提倡共产党员和各级干部带头实践社会主义、共产主义道德，引导人们在遵守基本道德规范的基础上，不断追求更高层次的道德目标。

高层次道德目标的确立，符合社会主义的发展方向。社会主义是共产主义的初级阶段，共产主义是更高的发展阶段，是人类历史上空前伟大的事业。我们的奋斗目标，就是要建设社会主义的现代化强国，并最终实现共产主义。

因此，道德建设从现阶段的实际状况出发，并不意味着我们可以停留在低层次的道德要求上。"党是整个社会的表率，党的各级领导同志又是全党的表率"，必须"用共产主义道德约束共产党员和先进分子的言行"，必须带头实践社会主义、共产主义的道德要求，大公无私、清正廉洁、服从大局、艰苦奋斗、全心全意为人民服务，并引导人们在遵守基本道德规范的基础上，不断追求更高层次的道德目标。

3. 团结和引导不同觉悟程度的公民一起奋进

习近平总书记在十九大报告中指出："必须认识到，我国社会主要矛盾的变化，没有改变我们对我国社会主义所处历史阶段的判断，我国仍处于并将长期处于社会主义初级阶段的基本国情没有变，我国是世界最大发展中国家的国际地位没有变。全党要牢牢把握社会主义初级阶段这个基本国情，牢牢立足社会主义初级阶段这个最大实际，牢牢坚持党的基本路线这个党和国家的生命线、人民的幸福线，领导和团结全国各族人民，以经济建设为中心，坚持四项基本原则，坚持改革开放，自力更生，艰苦创业，为把我国建设成为富强民主文明和谐美丽的社会主义现代化强国而奋斗。"

先进性要求和广泛性要求的有机结合，是从实际出发，区分层次，着眼多数，鼓励先进，循序渐进，充分考虑到了我国现阶段人们思想道德水平的复杂性和层次性，体现出了道德建设的理想与现实的统一，体现了社会主义的本质要求，符合社会主义的发展方向。

由此以来，我们就能团结和引导不同觉悟程度的公民一起奋进，来共同建设我们的富强民主文明和谐美丽的社会主义现代化强国。

第二章

新时代公民道德建设的着力点

《纲要》指出:"要把社会公德、职业道德、家庭美德、个人品德建设作为着力点。推动践行以文明礼貌、助人为乐、爱护公物、保护环境、遵纪守法为主要内容的社会公德,鼓励人们在社会上做一个好公民;推动践行以爱岗敬业、诚实守信、办事公道、热情服务、奉献社会为主要内容的职业道德,鼓励人们在工作中做一个好建设者;推动践行以尊老爱幼、男女平等、夫妻和睦、勤俭持家、邻里互助为主要内容的家庭美德,鼓励人们在家庭里做一个好成员;推动践行以爱国奉献、明礼遵规、勤劳善良、宽厚正直、自强自律为主要内容的个人品德,鼓励人们在日常生活中养成好品行。"这就为新时代公民道德建设提供了具体的路径。

第二章
新时代公民道德建设的着力点

一、加强社会公德建设,在社会上做一个好公民

社会公德,是指全体公民在社会交往和公共生活中应该遵循的行为准则。《纲要》要求"推动践行以文明礼貌、助人为乐、爱护公物、保护环境、遵纪守法为主要内容的社会公德。"

"文明礼貌、助人为乐、爱护公物、保护环境、遵纪守法"简明扼要、言简意赅地涵盖了人与人、人与社会、人与自然之间的关系。社会公德是全民性的道德,它为社会全体成员所共同遵守,是社会道德在人类社会公共生活中的特殊表现。

1. 文明礼貌是人类和谐相处的金钥匙

文明礼貌,是社会公共生活的一条重要的道德规范,是人与人在社会交往中所必须遵循的言语行为准则。它主要表现在待人谦恭和气、谈吐文明有礼、举止端庄大方等方面。文明礼貌反映着一个人的精神面貌、文化涵养和文明素质,是一个人心灵美、语言美和行为美的和谐统一。

我国自古以来就有重视文明交往、礼貌待人的传统,被世界誉为文明古国、礼仪之邦。如今,随着经济的发展,社会交往领域的扩大,人们不仅要处理好家庭成员间的相互关系,还要处理好与

其他社会成员间的相互关系。而处理好这些关系的关键一点，就是要讲文明、懂礼貌。文明礼貌是公民在现代社会所必须具有的基本素质。

第一，文明的社会需要文明的公民。文明，是相对于蒙昧、野蛮状态而言的。它标志着人类社会进步的程度与状态。它不是抽象空洞的概念，而是包含着人类社会历史进程中所创造的物质文明和精神文明这两个方面的内容。文明就社会来讲，是指社会安定、文化繁荣、科学技术发达以及政治昌明；就个人来说，是指一个人的高尚道德行为。

我国是一个文明古国。正像一位名人所说："当黄河长江已经哺育出绚丽的纺织花朵，浇淬出锐利的宝剑的时候，泰晤士、莱茵和密西西比河上的居民，还裹着树叶、拿着石制的武器在漫漫的原始森林里徘徊。"这话听起来似乎有夜郎自大的嫌疑，但历史的发展的确是这样。不管是印刷术的发明，还是生铁的冶炼；也不论是丝绸的织就，还是青铜大鼎的铸造，件件成果，显示的都是我们中华民族科技成就的辉煌，显示的都是我们中华民族文化的繁荣。

辉煌的物质文明，必然要有与之相适应的精神文明。因此，文明、高雅的交往方式就格外为我们中华祖先所看重，所推崇。《礼记》就要求人们在言行举止上做到："不失足于人，不失色于人，不失口于人"；扬雄在他所著的《法言》中要求人们在交往中"上交不谄，下交不骄"。古人的这种为人处世态度，仍是我们今天的人际交往规则。

第二，礼仪之邦需要讲究礼貌的公民。有位小伙子要到王家庄，但不知道还要走多远。他见路旁有个老农在锄地，便直着脖子朝他喊："喂！老头，到王家庄还有多远？"

老农抬起头，回答他说："走大路一万丈，走小路七八千。"

小伙子一听，奇怪地问："怎么你这儿论丈不论里？"

老农笑着说："要论里（礼）你该叫我什么？"

小伙子恍然大悟，连忙道歉。

这虽然是一则幽默故事，但通过这则故事，我们可以看到文明礼貌的重要性。

我国自古以来就有礼仪之邦的美誉。古人云："人有礼则安，无礼则危"；"国尚礼则国昌，家尚礼则家大，身有礼则身修，心有礼则心泰"。认为"礼"能使国家昌盛，家庭兴旺，自身行为美好，心绪安宁。

当然，古人的"礼"具有时代的局限性，与我们现在所说的礼貌有着本质的不同，但其尊重人、对人谦逊恭敬的精髓，还是值得我们继承与发扬的。

礼貌，是人类和谐共处的金钥匙。生活在社会中的人，每天都要同他人打交道。你尊重别人，别人也会尊重你；如果你对人家蛮横粗暴，人家就会对你避而远之。

礼貌，是教养的主要标志。德国著名文学家歌德有一句话说得好:"一个人的礼貌就是一面照出他的肖像的镜子。"的确,人们总是根据你的言谈举止对你进行评价。你的言谈举止有礼貌,人们就会认为你有教养,反之,则视为无教养。

英国著名教育家约翰·洛克说:"礼貌是儿童与青年所应该特别小心地养成习惯的第一件大事。"是的,每一个公民都应该养成礼貌的"习惯",增强礼仪、礼节意识,这才无愧于礼仪之邦的公民称号。

讲文明,懂礼貌,是中国人民的传统美德,这种美德在当今的社会更应该得到发扬、光大。因为,它对于"形成追求高尚、激励先进的良好社会风气","促进整个民族素质的不断提高"具有重要的意义。因此,每一位公民都应顺应时代的要求,自觉做一个讲文明懂礼貌的文明公民。

2. 助人为乐是公民道德高尚的重要标志

助人为乐,就是把帮助别人当作快乐。它的内在精神是"爱人"、关心人。助人为乐是中华民族的传统美德,也是社会主义道德原则在社会公共生活中的具体体现。

大力提倡助人为乐的社会公德,有助于社会的健康发展,有助于团结、互助等社会良好风尚的形成,有助于提高广大公民高尚的道德情操。

一个人的成功,是需要别人扶助的。社会是一个大群体,个人只是群体中的一分子。大家互相帮助，团结合作，社会才能进步。成人之美，不仅要帮助别人实现愿望，而且还要在别人做恶事时，坚决劝阻，使其改过从善。济人之难就是当别人有了困难的时候，及时救助，雪中送炭。也就是在生活中做到救人之危、解人之困、排人之忧。要做到济人之难，就要有无私奉献的精神。一个人的价值，不在于他从社会上取得什么，而在于他为社会付出了什么。

第一，在思想上要树立助人为乐的幸福观。什么是幸福？不同世界观、价值观的人有不同的回答。道德高尚者的答案是：自己的责任和义务是为他人谋幸福，并为此而感到幸福快乐。正如马克思所言："人们只有为同时代人的完美、为他们的幸福而工作，才能使自己也达到完美。""经验赞扬那些为大多数人带来幸福的人是最幸福的人。"这就是说，只有为人类的共同幸福作出贡献的人，才能获得最大的个人幸福。因为社会成员通过共同承担道德义务，助人为乐，创造出了安全和谐的社会环境，他个人的幸福就得到了保障。反之，他就会因为逃避社会责任和道德而受到惩罚。

每个人的生存，都离不开社会，离不开他人。对同类的爱心和对社会的责任是人类最可贵的品质。社会养育了我们，回报社会是我们义不容辞的责任。每个公民在做好本职工作的同时，应该力所能及地参与一些诸如救人之命、解人之危、济人之难、扶人之困、排人之忧的善举。每一个公民都应该努力在实践中培养自己的慷慨助人的品格。这个品格并不靠法律来培养，而是依靠自己加强正

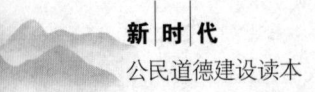

义、勇敢、善良等诸方面的品德修养，才能自觉形成这种品德。

实践证明，只有社会上的每一个人都"乐于助人，勇于承担自己对社会、对他人的道德义务，为社会群体的共同利益而努力，才能最终获取个人的幸福。"

第二，在行动上要躬身实践助人为乐的精神。英国的简·奥斯丁在其所著的《爱玛》中说："尽义务不能靠漂亮话，要靠果敢的行动。"的确，助人为乐不能光停留在思想认识上，而应付诸行动。应该说，这一点是最重要的。当他人遇到困难时，你能伸出援助之手，热情帮助；当他人在危难关头，你能挺身而出，鼎力相助。

3. 爱护公物是对劳动成果的珍惜

公物，就是公家的物品，它包括国土资源、资金财物、公用设施、文物古迹等。公物是社会全体成员或集体成员共有的财产，是公民享有社会权利的物质条件，是劳动人民达到共同富裕的物质保障。爱护公物体现了对劳动成果的珍惜，体现了对劳动人民的尊重，体现了一个公民的道德情操。

爱护公物，是社会主义道德的重要规范之一，是每个公民的道德义务。《中华人民共和国宪法》明确规定，社会主义的公共财产神圣不可侵犯，中华人民共和国公民必须爱护公共财产。可知，爱护公物不单单是一项道德责任，也是一项法律义务。

第一，要牢固地树立公共财产神圣不可侵犯的道德观念。履行爱护公物的责任和义务，首先一定要牢固地树立起公共财产神圣不可侵犯的道德观念，并形成自觉的行为准则。要知道，公共财物是我们建设社会主义现代化强国的物质基础，是广大民众生活、工作的物质保障。因此，每一位公民都要自觉地爱护公共服务设施，爱护国家的自然资源，爱护文物古迹，爱护珍贵动物。实际上，公共财物是物化了的集体利益，爱护公物，就是爱护集体利益，这正是社会主义道德原则的体现。

第二，要以主人翁的态度爱护公物。公共财物虽然是公家的物品，但为所有公民共享。从这一意义上来说，广大公民也是公共财物的主人。因此，公民们应该以主人翁的态度，像珍惜个人物品一样珍惜公物，不糟蹋浪费公物。在这方面，革命老人徐特立给我们树立了光辉的榜样。1924年，徐老在长沙女子师范学校教书。他对学校的财物十分爱惜，就连其他教师用过的粉笔头，他也不浪费，自己捡起来再用。有的学生笑话他吝啬，他写了一首诗教育学生说："半截粉条犹爱惜，公家物件总易珍；诸生不解余衷曲，反谓余为算细人。"

徐老这种爱护公物的优良品德很值得我们每一位公民学习。"公家物件总易珍"，公民们要时刻记住这句话。

4. 保护环境就是保护我们的今天和未来

随着社会的发展和进步，保护环境的问题越来越受到人们的普遍关注。它已经成为衡量一个国家、一个地区、一个城市的文明程度的重要标志，成为一个人道德水平高低的重要尺度。保护环境，不仅对改善人们的居住环境，提高人民群众的生活水平具有重要作用，而且对提高整个民族的思想道德素质，改造社会，促进人类生存与发展都具有极其重大的意义。

环境是作用于人的所有外界事物与力量的总和。人类生存的环境是一个庞大而复杂的系统，它分为自然环境和社会环境两大部分。自然环境包括大气环境、水环境、生物环境、地质和土壤环境以及其他自然环境。社会环境是人类在自然环境基础上，通过长期有意识的社会劳动所创建的环境因素的总和。它包括聚落环境、生产环境、交通环境、文化环境和其他社会环境。

人类的生产与发展、存在与灭绝，都与环境休戚与共。因此，人类要想继续生存、发展，就必须爱护环境。

有人说："天堂和地狱的大门钥匙就捏在人类自己的手中。保护好环境，地球就是人类的天堂花园；破坏了环境，地球就是人类的地狱坟场。"这话决不是夸大其词。每一位公民都要充分认识环境保护的紧迫性和重要性，保护好环境，做一个自觉保护环境的环保公民。

第一，树立环境道德观念。在全球和区域环境问题已成为人类生存和发展的重大威胁的今天，每一位公民都要充分认识到保护环境的紧迫性，树立环境道德观念，从人与社会的关系中去把握自己的行为，自觉保护环境。从社会全局利益和长远利益出发，本着对社会、对人类负责态度去开发自然资源，坚持生产效益和社会效益相结合。

在发展经济时，要把经济发展与合理开发自然资源、保护自然环境结合起来，努力防止和避免对自然只开发不保护、激化人类与环境的矛盾倾向。既要保持生态系统的供应能力与人类需求之间的平衡，又要保证生物资源的不断恢复和繁殖，保持生物资源的一定数量和适宜的群体结构，保持生物间的相连关系。

让我们看看车水马龙街头那尾气形成的蓝色烟雾，看看那随风飘荡的白色塑料幽灵，再看看那"大漠风尘日色昏"的景象；让我们听听那震耳欲聋的噪音，听听那野生动物们被惨杀的哀鸣，再听听那盲目开采的隆隆炮声。我们每一位自然之子都会疾呼：快快保护我们的环境。时不我待。

第二，要从我做起，从具体事情做起。"亡羊补牢，犹未晚矣。"我们虽然已经受到了自然的惩罚，品尝了破坏环境所带来的苦果。但现在紧急行动参加"保卫战"还来得及。广大公民要从我做起，从具体事情做起：

保护河道和湖泊。保护河道和湖泊是保护环境的重要内容。国家非常重视对河道和湖泊的保护，湿地与人类的生存密切相关，与人们的生活息息相关。保护河道和湖泊是每个公民应尽的义务，也是公民重要的公德规范。

不污染。不向河道、湖泊丢弃生活垃圾，不向河道、湖泊排放化学含毒污水和粪便，不向水里倾倒建筑垃圾。

保护水道畅通，不占河道和湖泊搭建违章水上建筑，保护河堤和湖堤及有关设施。保护河床湖底，不随意开垦水底资源，不违规掠取水中资源，不围湖造田。

爱护河、湖坎堤的绿化带，积极参加疏通河道、清理河湖堤、打捞污染物的义务劳动。

保护野生动物。野生动物是国家的自然资源，是自然环境中不可缺少的部分。动物与人们的生存与发展有着密切的联系。在自然界里，生活着形形色色的动物。它们生生不息，跟周围的环境及生物有着错综复杂的关系。它们都以自己独特的生命活动影响和制约着其他生物的生存与发展。

保持自然界生物的多样性是整个生态系统平衡运转的重要因素。在生态系统中，各种生物之间、生物与非生物之间是在不断地、相对稳定地进行着物质循环和能量运动。它们通过生存的竞争，优胜劣汰，促使了整个物种进化，使生命的延续成为可能。如果我们任意破坏了某个环节，破坏了某个小系统，就会中断大自然的动物链，必定会对大系统造成巨大危害，最终危害到人类自身的生存。

护花草树木。花草树木是构成人类赖以生存的物质条件之一。有人把树木形象比喻为地球的心肺和氧气的制造厂，这说明树木的重要性。

花草树木可以吸收空气中的二氧化碳、氯化氢氨等有害气体，防止或减轻这些有害气体对人的危害；树木能阻挡和过滤粉尘，是天然的吸尘器；许多树木在生长过程中能分泌出杀菌素，杀死由粉尘带来的各种病原菌。有人做过调查，每立方米空气，在百货大楼内细菌达400万个，林荫道上达58个，公园内达100个，而林区只有55个。林区与百货大楼内空气中的含菌量相差7万多倍。

此外，一座城市没有了花草树木的衬托，不仅缺乏生命的气息，对人们的健康也会造成不利影响。所以人人都应树立爱惜和保护花草树木的意识。这不仅有利于人们的健康，有利于美化环境，还有利于良好社会风气的形成。

保护土地资源。土地资源是人类生存最基本的因素之一。随着中国经济的发展，人们的不合理利用，致使可利用土地资源正逐步减少。当前，我国城市的规模正在扩大，农村住宅用地正在增加，每年损失耕地相当可观，面对这种严峻形势，我们每一位公民都应树立合理利用和保护土地的意识，做到：不破坏环境，保护土地的质量，不乱占用耕地，不荒弃耕地，保护森林和草地，不污染水，与违法占用耕地、破坏环境的行为作坚决的斗争。

习近平总书记在十九大报告中指出："建设生态文明是中华民族永续发展的千年大计。必须树立和践行绿水青山就是金山银山的理念，坚持节约资源和保护环境的基本国策，像对待生命一样对待

生态环境，统筹山水林田湖草系统治理，实行最严格的生态环境保护制度，形成绿色发展方式和生活方式，坚定走生产发展、生活富裕、生态良好的文明发展道路，建设美丽中国，为人民创造良好生产生活环境，为全球生态安全作出贡献。"

习近平总书记的这段讲话，指明了我们在当下和未来应该怎样对待环境、怎样保护环境、怎样树立和践行绿水青山就是金山银山的理念。

5. 遵纪守法是社会正常运转的安全轨道

遵纪守法是社会公德规范的一项重要内容。这是因为，在道德的形成和法纪的制定过程中，法纪和道德的关系是非常密切的。道德原则是法律的内容基础，它决定着法律的面貌；而法纪则通过一些强制性的规范，使公民的守法遵纪意识得到增强，并内化为内心的道德律令，从而提高公民的道德水平。

第一，法纪面前人人平等。法纪面前一律平等，是我党一直秉持的原则。不管是当年处理的黄克功、刘青山、张子善，还是改革开放以来处理的成克杰、李真、王怀忠，乃至十八大前后处理的薄熙来、周永康、令计划，都彰显了我党严肃、公正执行法纪。

习近平总书记强调："任何组织或者个人，都不得有超越宪法和法律的特权。一切违反宪法和法律的行为，都必须予以追究。"

第二，遵纪守法贵在自觉。自觉是遵纪守法的关键。所以，广大公民一定要时刻注意培养自己遵纪守法的自觉性。自觉地学法纪知法纪。英国著名思想家温斯坦莱曾说过:"假如有很好的法律,但人民不了解它们,这对共和国来说就像没有任何法律一样糟糕。"我们正处在社会的转型时期,要想不走错路,必须铺设好自己的人生轨道,这就是要注意学习法纪知识,增强法治、纪律观念。否则,便会因为不知法纪而走上犯罪的道路。比如,有位中专生,自己的摩托车被人给偷走了。他认为,既然别人能偷我的,我也能偷别人的。可是,当他正对别人的摩托车"下毒手"时,警察把他"请"进了派出所。

第三,要自觉地提高自己的文化素质。遵纪守法,必须以文化素质的提高为基础。关于这一点,邓小平同志有过精辟的论述。他说:"法制观念与人们的文化素质有关。现在这么多青年人犯罪,无法无天,没有顾忌,一个原因是文化素质太低。所以,加强法制重要的是要进行教育,根本问题是教育人。法制教育要从娃娃开始,小学、中学都要进行这个教育,社会上也要进行这个教育。"[①]我们广大公民要自觉接受这一教育,在受教育中提高自己的文化素质,提高自己的法制观念。

[①] 《邓小平文选》第三卷,第163页。

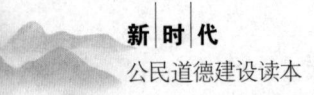

二、加强职业道德建设，工作中做一个好建设者

职业道德，是所有从业人员在职业活动中应该遵循的行为准则。它涵盖了从业人员与服务对象、职业与职工、职业与职业之间的关系。《纲要》要求："推动践行以爱岗敬业、诚实守信、办事公道、热情服务、奉献社会为主要内容的职业道德。"

1. 爱岗敬业，职业道德的基本精神

爱岗敬业是对人们工作态度的一种普遍的要求，在任何部门、任何岗位上工作的公民，都应爱岗、敬业，从这个意义上说，爱岗敬业是社会主义职业道德中一个最普遍、最重要的要求，是职业道德的基本精神。

第一，热爱自己的工作岗位并有崇高的敬业精神。科学实验证明，在客观条件相同的情况下，劳动质量的优劣，工作效果的高低，起决定作用的因素是从业者的态度。从业者热爱自己的工作，以积极进取的精神兢兢业业地去从事本职工作，那他的工作就会做得非常出色；相反，从业者讨厌自己的工作，以消极怠工的态度去"撞钟"，那他的工作就会做得非常糟糕。因此，爱岗敬业职业道德要求的首要之点，就是劳动者要热爱自己的工作岗位并有崇高的敬业精神。不论他从事的是何种工作，他都应该全身心地热爱，全

身心地投入。对本职工作保持积极乐观的态度，保持高度负责、尽心竭力的精神。而不应该以自己对本职工作没兴趣为借口，得过且过；也不应该以本职工作经济效益低为托词，消极怠工。

有一位心理学家说过："对一个喜欢自己的工作，并认为它很有价值的人来说，工作便成为生活中的一个十分愉快的部分。"的确，热爱你的工作岗位，你对工作就会表现出主动、认真的态度，工作就会成为你生活的第一需要。

第二，保持对本职工作的信念并追求岗位的社会价值。随着社会生产力的不断发展，社会分工越来越细，职业也就越来越具有多样性。职业虽然多样，但却没有高低贵贱之分。因此，爱岗敬业职业道德要求的根本点，就是劳动者要保持对本职工作的信念并追求岗位的社会价值，坚信自己所从事的工作是最有意义的、最有价值的。不管这一职位隶属哪一级，不管这一岗位归属谁管，不管这一工作是体力劳动还是脑力劳动。只有这样，才能尽心尽力地做好本职工作。请看下面的故事：

邓子恢同志生前是国务院副总理，中共中央农村工作部部长。他对孩子们要求很严，要求他们像普通家庭的孩子一样爱岗敬业，为人民服务。

1969年底，他的小儿子建生参加了中国人民解放军。到部队后，建生被分配到养猪场工作。邓子恢同志知道后，马上给建生写

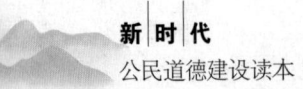

了一封信，勉励儿子要爱岗敬业，做好部队交给的任务。并找了一些记载养猪模范的先进事迹和科学养猪经验的书籍，寄给建生。

建生看了父亲的信，深受教育。他在养猪的岗位上踏踏实实地做了起来，成为一名优秀的养猪能手。

读完这个故事，我们深受教育和感动。为邓子恢同志对待儿子职业的态度所教育，为邓子恢同志的高尚情操所感动。我不由得想起一位名人所说的话："由一个人对职业的态度可以看出他的品性。"

2. 诚实守信，职业道德的重要精髓

人无信无以立，职业无信也不能立。在市场经济条件下，诚实守信是不可缺少的道德要求。遵守契约，言而有信，是每一个经济主体得以在市场竞争中立足的基本条件。没有良好的信誉，就无良好的企业形象；而无良好的企业形象，企业就不可能生存和发展。企业是这样，其他职业也是这样，做人也是如此。

第一，诚实是人的一种品质。这种品质最显著的特点是，一个人在社会交往中能够讲真话。他能忠实于事物的本来面貌，不歪曲篡改事实，不隐瞒自己的真实思想，不掩饰自己的真实情感，不说谎，不作假，不为不可告人的目的而欺骗别人。

诚实在职业行为中的最基本的要求，就是诚实劳动。诚实劳动

是职业劳动者获得报酬的先决条件。社会主义实行"各尽所能，按劳取酬"的消费资料分配制度。每一个职业劳动者，只要为社会多工作、多创造物质或精神财富，进行了卓有成效的劳动付出，社会所给予的回报也就多，这就是"多劳多得"。倘若付出的有效劳动少，工作出力少，那么社会所给予的收入回报也就少，这就是"少劳少得"。如果是游手好闲、好吃懒做，没有有益的劳动付出，只想做"官"，不做事，只占位置徒有其职不干活，在其位而不谋其政，那么社会就无法给你收入回报，这就是"不劳不得"。提倡诚实劳动这一职业道德，是与社会主义的"按劳分配"原则相一致的。

第二，守信也是一种做人的品质。这就是讲信用，讲信誉，信守诺言，忠实于自己承担的义务，答应了别人的事一定要去做。其中"信"字也就是诚实不欺的意思。讲信誉、重信用，忠诚地履行自己承担的义务是每一个职业劳动者应有的职业品质。

讲求信誉既是做人的准则，也是职业道德的起码要求。信誉，既有个人的信誉，如职业劳动者在具体劳动中的诚实行为；也有集体的信誉，如依靠高素质队伍在本行业、本部门所逐渐形成的极好的企业形象；还有国家的信誉，如政府公务人员所代表的公共需要、公共权力就是在树立国家信誉。一个劳动者在具体职业活动中的表现，既是维护个人的信誉，也是维护集体的信誉，更是维护国家的信誉。所以，信誉是各行业立足之根本，是社会主义职业道德的内在要求。信誉是一个企事业单位的生命，谁的信誉高，谁就能在激烈的市场竞争中立于不败之地。一个企业单位,如果不履行合同,不重视产品质量,不注重为社会服务,只是一味地追求利润,那么用不了多久,信誉就会扫地,企业就会破产。讲求信誉要做到秉公办事,在工作中要严格遵守国家的法律、法规和本职工作的条例、纪律,坚持原则,不以权谋私;讲求信誉,要求每个职业劳动者都能够做到实事求是、信守诺言,对工作精益求精,注重产品质量和服务质量,与那些弄虚作假、坑害人们的行为进行坚决的斗争。

3. 办事公道,职业道德的基本准则

市场经济讲公平、公开竞争,它要求各行业的职业道德必须办事公道。社会主义市场经济要求每一市场主体不仅在法律上是平等的,而且在人的尊严与社会权益上都是平等的。人与人之间只有能力与社会分工的不同,没有高低贵贱之分,大家应当互相尊重,互惠互利,互相友爱,平等待人。

办事公道,强调对服务对象应一视同仁,不因民族和阶层、性别和年龄、职位高低、贫富差别而有所分别。

办事不公道,实际上是把那些应服务于全社会、全体人民的职业,变成只服务于社会某一部分人的职业,甚至变成谋取私利的工具,使这些职业的社会性质发生根本的扭曲和改变。因此,办事公道,应是各行各业努力实行的一条基本原则和道德准则。

第一,坚持原则,秉公办事。坚持原则是指从业人员都无一例

外地按照国家法纪法规和职业纪律、规章行使职业权力,履行职业义务。简言之,就是遵循国家法律,严守职业纪律。

遵纪守法坚持原则是维护国家和人民利益的需要。国家的法律法规都是体现工人阶级和劳动人民意志,维护工人阶级和绝大多数劳动人民根本利益,通过国家机器强制力来保证实施的行为规范。而各种各样的纪律,都是在国家各种法律规定范围内,由社会政治团体或组织、机关企事业单位自行制定的,体现一定范围内政治、经济、文化、工作、生活秩序要求和群众利益的各种规章制度。从业人员只有在法律和纪律要求的范围内行使职权,履行职务,才能保证社会的经济、政治、文化生活秩序上的有条不紊;保证国家、集体、个人三者利益的协调一致;保证物质文明和精神文明建设的顺利进行。

遵纪守法,坚持原则是一切从业人员必须具备的最起码的道德品质。只有坚持原则,才能扶持正气,顶住歪风。否则,正气不长,邪气必生,长此以往,必然正不压邪,从而也就丧失了公道。

第二,廉洁奉公,不徇私情。廉洁奉公,不徇私情是指公职人员不借职权职务之便而损公肥私,多贪多占。

不徇私情是公正的思想基础。只有不徇私情,才能用人唯贤;只有不徇私情,才能处事公道;只有不徇私情,才能深得民心。

廉洁奉公,不徇私情对于职业劳动者来说,是"慎独"、"修身"、自我约束、洁身自好、清白无瑕的道德风范在职业活动中

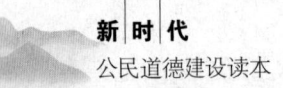

的体现。

廉洁奉公，不徇私情，要求职业劳动者，根据自身工作特点，在实际工作中，不侵犯公共财物，不损害公共利益，不贪图便宜，不假公济私，要做到公私分明、办事公道；廉洁奉公，不徇私情，要求职业劳动者，说话办事一定要出以公心，不以个人好恶处事。

第三，照章办事，平等待人。政府公务人员在处理个人和群众以及群众和群众之间的关系的问题上，要公平对待，一视同仁，不论职位高低，关系亲疏，一律以同志态度热情服务，一律按党的方针政策办事，按规章制度办事，该解决的就解决，该怎么办的就怎么办，决不搞拉关系、走后门那一套，决不以关系远近来定夺事情。

4. 热情服务，职业行为的根本特质

热情服务是为人民服务的道德要求在职业道德中的具体体现，是国家机关工作人员和各个服务行业工作人员必须遵守的道德规范。

在社会主义社会，我们所从事的各项正当的职业都是为群众服务，为社会服务。服务群众是职业行为的本质。服务群众作为职业行为的本质是有着具体要求的，这就是要热情服务。

第一，树立为人民服务的思想。生活中，有的公民有一种误解，认为"为人民服务"是领导干部、党员和服务人员的事，跟自

己无关。实际上，这种想法是不正确的。在我们社会主义国家里，人民的根本利益是一致的，人与人之间的相互关系是相互服务、共同进步的关系。公民中的一员既是服务的主体，又是服务的客体。也就是说，在这个社会里，人人都是为他人服务的，人人又都是服务的对象。你在为他人服务的同时，也享受别人为你的服务。这就是列宁讲的"人人为我，我为人人"。

从另一方面来说，我们无论从事什么职业，无论职位高低，只要是认真地从事本职工作，热心地为他人、为社会服务，就都是为人民服务。刘少奇同志在接见全国著名劳动模范时传祥时，说过一段感人肺腑的话。他说："我是国家主席，你是掏粪工人，职位分工不同，但都是为人民服务。"

第二，"为人民服务"有着不同层次的要求。在对"为人民服务"的理解上，向来存在着这样一种观点："为人民服务"是不带功利性的，是无偿的行为。实际上，这种观点是有失偏颇的。我们现在面对的是社会经济成分、组织形式、就业方式、利益关系和分配方式多样化的趋势。在此形势下，我们必须重新认识为人民服务问题。我们既要肯定无偿服务的道德作用，又要肯定有偿服务的实践意义。这是因为，在现阶段，由于经济、政治和思想文化等方面的原因，使得我国公民的思想觉悟水平处于不同的境界点上。因此，对于不同思想觉悟水平的公民，就要有不同层次的"为人民服务"要求。

对于共产党员和有觉悟的先进分子，其要求是全心全意地为人民服务，先公后私、大公无私，一切以人民利益为最高准绳。这就是说，在通常情况下，自觉自愿地为人民、为社会多作奉献，并使自己的利益也得到保障。但在特殊的情况下，为了国家、集体和人民大众的利益，必须自觉自愿地牺牲自己的利益，甚至献出自己的生命。

对于一般普通劳动者来说，我们倡导他们义务地为人民服务，但也肯定他们有偿服务的实践意义。只要他们诚实劳动，合法经营，不坑蒙拐骗，不损公肥私，不损人利己，有偿服务，也是为人民服务。

总之，为人民服务，是社会主义道德要求的最根本的出发点和核心，是贯穿整个社会主义道德中的活的灵魂。离开了这一出发点和核心，离开了这一活的灵魂，就谈不上道德的行为。在社会主义社会中，每一位公民只有树立了为人民服务的思想，才能时刻想到人民的利益，时刻想到为人民服务，才能坚持集体主义，才能够爱祖国、爱人民、爱劳动、爱科学、爱社会主义，为建设现代化的社会主义强国而努力奋斗。

第三，要热情服务，一切为服务对象着想。从业人员在服务中，要热情服务，服务周到，说话和气，急服务对象之所急，想服务对象之所想，帮服务对象之所需。所有的服务行为都要做到谈吐文雅、举止有礼、主动周到、完全彻底。

热情服务，是社会道德进步在职业行为中的一个重要表现，也是社会道德进步的显著标志。热情服务的职业道德规范，要求从业人员能以高尚的情操和良好的作风，直接影响服务对象，教育服务对象，使他们在情感上受到激励，在品德上受到熏陶，在心灵上受到启迪，在行为上受到鼓舞，在社会主义市场经济条件下，促进和谐美好的新型人际关系的建立。

5. 奉献社会是职业道德的最高要求

奉献社会，是社会主义职业道德的特有规范。它要求从事各种职业的个人，努力多为社会作贡献，为社会整体长远的利益，不惜牺牲个人的利益。因此，它也是一种高尚的社会主义道德规范和要求。

第一，奉献社会的实质是奉献。无论什么行业，无论什么岗位，无论是从事什么工作的公民，只要他爱岗敬业、努力工作，就是在为社会做出贡献。如果在工作过程中不求名、不求利，只奉献，不索取，则体现出宝贵的无私奉献精神，这是社会主义职业道德的最高境界。

奉献社会职业道德的突出特征：一是自觉自愿地为他人、为社会贡献力量，完全为了增进公共福利而积极劳动；二是有热心为社会服务的责任感，充分发挥主动性、创造性，竭尽全力；三是不计报酬，完全出于自觉精神和奉献意识。在社会主义精神文明中，我们要大力提倡和发扬奉献社会的职业道德。

第二，人生的最大幸福是奉献。人生的幸福是什么？不同世界观、不同价值观的人有着不同的答案。

有的人认为，人生的幸福就是享受，就是让别人为自己服务。于是，不劳而获，中饱私囊。利用手中的权力为自己的"幸福"添砖加瓦；利用人民给的地位让别人无偿为自己服务。

事实上，人生的幸福在于奉献。正如法国著名文学家雨果在《莎士比亚论》中所说："献身的人是伟大的！即使他处境艰困，但也能平静处之，并且，他的不幸也是幸福的。"苏联著名教育家苏霍姆林斯基在《给儿子的信》中也说："什么是生活的最大乐趣？我认为，这种乐趣寓于与艺术相近的创造性的劳动之中，寓于高超的技艺之中。如果一个人热爱自己所从事的劳动，他一定会竭尽全力使其劳动过程或劳动成果充满美好的东西，生活的伟大、幸福就寓于这种劳动之中。"

的确，奉献社会不仅为社会做出了贡献，也充实了人的精神世界，这无疑是获取幸福的源泉。奉献者虽然苦了他一人，却幸福了千万家。在千万家幸福之中，他也同样从辛苦中体会到幸福。

第三，要大力提倡奉献社会的精神。大公无私，奉献社会，应是我们每一位职业劳动者的天职。然而，近些年来，这种奉献社会的精神却日趋淡薄。翻开报纸杂志，以权谋私的报道时有所见。

一些案件让人触目惊心，使我们更加深刻地认识到，必须加强职业道德建设，必须大力提倡奉献社会的精神。只有这样，党和国家、人民群众的利益才能不受到侵害，国家才能安定团结，社会才能发展进步。

有首歌唱得好："只要人人都献出一点爱，世界将变成美好的明天。"我们的世界是人与人交织而成的社会，不管是痛苦还是幸福，每个人的一切都与他人有着密切的关系。诚如法国著名思想家卢梭所言："贤明的人首先关心的是大家的利益，然后才是个人的利益；因为每一种利益都属于整个的人类，而不属于其中的某一个人。"

奉献社会，是职业道德的最高要求，也是为人民服务实际行动的集中体现。诚如周恩来同志在《关于知识分子的改造问题》一文中所说："为人民服务也就是为我们的国家，为我们的民族，为我们美好的将来，为全人类光明的前途服务。"

奉献社会，是崇高的道德情操，是我国的传统美德。为社会，有人奉献生命，"我以我血荐轩辕"；有人奉献精力，"鞠躬尽瘁，死而后已"；有人奉献财富，"甘作春蚕吐尽丝"。然而，奉献社会不能是一句口头宣言，它应该落实在行动上。

当别人有困难的时候，我们能伸出援助之手，有钱的出钱，有力的出力，帮困难者渡过难关；

当祖国和人民需要我们的时候，我们能挺身而出，不怕为祖国、为人民而献身。

奉献社会也并非都是轰轰烈烈的大事。实际上，我们所做的事无论大小，只要有益于国家、有益于党的事业、有益于人民，就是伟大的奉献。我们要像鲁迅先生所说的那样："能做事的做事，能发声的发声。有一分热，发一分光。"

三、加强家庭美德建设，在家庭里做一个好成员

家庭美德是每个公民在家庭生活中应该遵循的行为准则。家庭是社会的细胞，是社会结构中最基本的单位。亿万个家庭垒积起来，构建成了我们的社会。《纲要》要求："推动践行以尊老爱幼、男女平等、夫妻和睦、勤俭持家、邻里互助为主要内容的家庭美德。"这一要求，涵盖了夫妻、长幼、邻里之间的关系。

家庭生活与社会生活有着密切的联系，正确对待和处理家庭问题，共同培养和发展夫妻爱情、长幼亲情、邻里友情，不仅关系到每个家庭的美满幸福，也有利于社会的安定和谐。因此，要大力倡导以尊老爱幼、男女平等、夫妻和睦、勤俭持家、邻里互助为主要内容的家庭美德，鼓励人们在家庭里做一个好成员。

1. 尊老爱幼是人类社会的永恒美德

尊老爱幼是我们中华民族的传统美德。早在两千多年前，孟子就谆谆告诫世人，要"老吾老以及人之老，幼吾幼以及人之幼"。这就是说，孝敬我家的长辈，同时也要孝敬别人家里的长辈；爱护我家里的儿女，同时也要爱护别人家里的儿女。时至今日，《纲

要》更是强调要"尊老爱幼",把这一行为看作是家庭美德建设的重要组成部分。这更加看出,"尊老爱幼"反映的是人类社会的一种普遍要求和永恒美德。

第一,尊老爱幼是人类生命链条绵延不断的保证。人类社会就是一个世代相传、不断繁衍发展的链条,在这个链条上,每一代人都是一个重要的环节,都扮演着承上启下的重要角色。上一代人扮演着哺育下一代的角色。没有上一代对下一代的哺育,人类社会就不会繁衍生息;没有老一代对社会的贡献,人类社会就不会蓬勃发展。老年人虽老,但他们代表着人类发展的历史。他们理应受到孝敬。下一代人是社会主义现代化强国建设的接班人,是祖国的未来,是民族的希望。子女虽小,但他们代表着人类发展的前景。他们理应受到爱护。

第二,尊敬老人,孝敬老人,让老人老有所养。尊敬父母,赡养老人不仅是新时代公民道德建设对我们每个公民的要求,也是我们应尽的法律义务,更是我们所应担负的感情上、道义上的责任。

孝敬父母要满足他们生活、医疗上的需要。改革开放以来,我国经济有了迅猛的发展,成了世界第二大经济体,人们的生活水平有了显著的提高,尽管如此,但我们的社会保障制度并不完善,因而,还不能全部承担老年人的生活、医疗费用,有相当一部分无经济收入的老人还需要子女赡养。这不仅是每个做子女的法律义务,也是感情上、道义上的责任。

"民以食为天"。如果父母没有生活来源，做晚辈的一定要让他们衣食无忧。要说这并不是一个问题，因为每一位子女都是父母用辛勤的汗水养育成人的。滴水之恩还涌泉相报，何况给予我们生命之大恩大德呢？

孝敬父母要满足他们精神上的需求。孝敬父母除了要满足他们的生活需求外，还应使父母在精神上得到享受。在城市，许多老人有退休金，衣食住行不成问题。但是，他们却需要子女情感上的关怀。

孝敬老人，不单纯是孝敬父母，对别人的父母我们也要尊敬他们，负起道义上的责任。两千多年前，孟子老先生就倡导要"老吾老以及人之老"，这种仁爱精神在今天仍是高尚的美德。

第三，爱护幼童，教育幼童，使幼童健康茁壮成长。父母必须抚养教育子女。这是社会主义法律为每个公民所规定的义务，也是社会主义道德对每个公民所提出的要求。作为社会主义的公民必须履行这一义务，必须按照这一要求去做，承担起抚养教育子女的责任。否则，就要受到法律的制裁，受到社会主义道德的谴责。

爱护子女必须在物质生活上抚养他们。未成年子女，在生活上不能独立，父母必须在物质生活上抚养他们，为他们提供衣食，让他们吃饱穿暖，使他们健壮成长。任何遗弃子女的行为，都是犯罪的行为，都是对社会主义道德的违背。而且，被遗弃的子女很可能因衣食不足而走向犯罪。

爱护子女必须在思想品德上教育他们。父母除了在物质生活上有抚养子女的义务外,在思想品德上也有教育子女的义务。在现实生活中,绝大多数父母都能够重视子女的身体健康,重视子女的学习、教育,但也不排除有只注意关心子女的冷暖饥饱,而不重视子女思想品德教育的父母。实际上,"单单爱孩子,老母鸡也会做。可是要善于教养他们,却是一项伟大的公共事业。"苏联著名文学家高尔基的话道出了培养教育子女的重要性。父母要想把子女培养成对社会有用的人,就必须在思想品德上教育他们,培养他们优良的道德品质。

爱护子女必须使他们能够受到良好的教育。法国著名思想家左拉在其《真理》一书中说过:"愚昧从来没有给人们带来幸福;幸福的根源在于知识。"做父母的无不希望自己的孩子幸福。既如此,那就给予他们知识吧!而给予他们知识的最佳途径,就是使他们能够受到良好的教育。

2. 男女平等是社会进步的重要标志

《纲要》规定,在家庭美德建设中,要"男女平等"。这一要求是符合法律规定的。《中华人民共和国宪法》第48条规定:"中华人民共和国妇女在政治的、经济的、文化的、社会的和家庭的生活等各方面享有同男子平等的权利。"《继承法》第二章第9条规定:"继承权男女平等。"这些规定为妇女享有同男子平等权利提供了

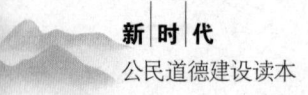

充分的法律依据。

第一，正确认识家庭中的男女平等。家庭中的男女平等，是指男女双方在婚姻关系和家庭关系的一切方面，都享有平等的权利，负有平等的义务。具体说来，就是在结婚离婚方面、教育抚养子女方面、夫妻共同财产方面等都有同等的权利和义务。但在现实生活中，有人对家庭中的男女平等却没有正确的认识，将平等与对等混同起来，或事事相互争高低，或矫枉过正，事事按自己的意愿做。这势必影响家庭美德建设。

男女平等并不意味着事事相互争高低。在家庭生活中，夫妻间的地位应该是平等的。也就是说，夫妻之间应该相互尊重、相互理解、相互体谅、相互宽容、相互帮助。这是家庭中男女平等的前提条件。但平等并非是对等。对等则是夫妻在家庭生活中的各个方面都要一样，事事都要相互争高低。按说这是不难理解的问题。可是实际上，不能理解的人还大有人在。他们错误地认为，平等就是我挣多少钱，你就得挣多少钱；我干多少家务活，你就得干多少家务活；我花销多少钱，你就该花销多少钱。于是，便有了下面的故事：

妻子小王学的是金融专业。毕业后，应聘到一家证券公司工作。丈夫小张学的是历史专业，毕业后，分配在一家研究所工作。由于工作性质不同，俩人的薪水也大不一样。小王薪水颇丰；小张的薪水尚薄。对此，小王常有微词，认为自己对家庭的贡献大，丈夫对家里的贡献少，不平等。小王不断的微词惹恼了小张，终于有

第二章
新时代公民道德建设的着力点

一天，小张对小王吼道："既然你嫌我挣得少，你就另攀高枝，去找挣得多的去吧！"

上面故事中的当事人，就是片面理解了男女平等的本质。男女平等的本质是指作为社会历史进程中的人，不论是男性还是女性，都应该享有同等的人生权利，包括生存权、人身自由权等；作为社会生活的一员，都应该享有同等的经济、政治和教育文化等基本权利；作为家庭生活中的一员，都应该享有同等的自主权、支配权、继承权等。而并非是不分具体情况的硬性对等。这是因为男人跟女人客观上存在着生理、心理上的差异，彼此的工作性质也可能存在着不同，其父母家庭的情况也不会完全一样。因此，不能追求硬性的对等。而应该本着团结互助的精神，共同建设自己的小家庭。身体健壮的一方，不妨多干些重活；时间充裕的一方，不妨多干些家务；经济条件不富裕的一方父母，不妨多孝敬一些金钱。千万不要把家庭事务平均摊，夫妻抬着做；也不要你父母花多少，我父母就得花多少。这样做的结果，只能是引发矛盾，影响夫妻关系。

男女平等并非是事事都得按自己的意愿做。在现实家庭生活中，对男女平等还有另外一种错误的认识，这种认识主要表现在一些女性身上。她们认为，既然要提高妇女地位，实现男女平等，那么，丈夫就得听我的。于是，丈夫事事都得按她意愿办。吃什么、穿什么都由她一人说了算；丈夫的工资全额上缴，不允许有点滴剩余。稍有"反抗"，轻则唠叨，重则大发雷霆。雷声过后，还满肚子委屈，认为自己为这个家操尽了心，丈夫还不领情。这种女性不明白，她这样做的结果，不仅不是平等，连对等都不是，完全是独霸，是在扼杀夫妻间的感情，是在毁坏自己的家。

第二，要在家庭成员中树立男女平等的观念。中国是一个有着两千多年封建道德传统的国家。封建道德的核心，就是"三纲五常"的伦理观念。所谓三纲，就是君为臣纲，父为子纲，夫为妻纲。这种道德学说推行的完全是一种片面服从的义务。因此，男尊女卑构成了封建社会的一个重要特点。封建道德要求妇女在家听从父命，出嫁遵从夫命，一切以"男人"的意志为转移。

这种传统观念统治了人们两千多年，至今仍然或多或少地遗留在人们的思想观念中。所以，要想在家庭中实现男女平等，首先就要在家庭成员中破除这种"男尊女卑"的意识，树立男女平等的观念。

男女平等，是社会主义制度的根本要求。社会主义社会是一个民主平等的社会。在这个社会里，人们有着平等的地位，享受着充分的民主和自由。家庭也不例外。在家庭中，无论男女，都是家中的一员，都有决断家庭事务的权力。

男女平等，是建立和谐美满幸福家庭的需要。一个和谐美满的家庭，其成员之间的关系必然是民主平等的，有事大家一同商量；决断事情，只服从真理，不唯男是听。相反，凡事男人说了算，女人只是驯服的工具，这样的家庭是不可能和谐美满幸福的。

第三，要公开协商家庭经济的收支情况。公开协商家庭经济的收支情况，实际上就是说男女在家庭中经济地位要平等，这是现代家庭中男女平等的关键。

在传统社会里，男性是家庭的经济支柱，掌握着家庭的财政大权。女性没有经济来源，只能依靠男人过日子。因此，俗语有"嫁汉嫁汉，穿衣吃饭"。

在现代社会，家庭经济来源单渠道的状态已经被打破，女性依靠自身的才能，也与男人一道，获取着一定的经济收入。这就为公开协商家庭经济的收支情况提供了可能的条件。

公开协商家庭经济的收支情况，能使家政管理的透明度得到提高，从而减少家庭矛盾。在家庭生活中，有许多矛盾是因为家庭收支"暗箱"操作引起的。有的家庭男人独掌财政大权，女人手无寸银，花钱只能跟男人要；有的家庭女人是"财政部长"，家里的大小资金都由自己独揽。权力的过渡"垄断"，导致了"小金库"的诞生，"小金库"的诞生则引起了夫妻间的相互猜疑和不信任。这势必影响家庭的稳定。

第四，要平等分担家务劳动。能否平等分担家务劳动，也是检验一个家庭是否实现了男女平等的一个重要标准尺度。在现实生活中，有许多家庭男女不能平等地分担家务劳动。或是男人受传统观念影响较深，认为"男主外，女主内"，女人做家务是理所应当的，全然不顾女人已经同他一样在外面工作的实际情况。家庭成了他的旅馆、饭店，进门就吃饭，吃完饭就看电视或者玩手机，什么家务都不做。或是女人片面地理解了"提高妇女社会地位"这句话的含义，以为既然要提高妇女的社会地位，家务活就别让我干了。于是，在家里成了甩手掌柜，所有的家务活都成了男人的专利。这种家务劳动的一人化很容易引发家庭矛盾。因此，家庭中要想实现男女平等，就要平等分担家务劳动。

平等分担家务劳动有益于建立新型的家庭关系。在我们社会主义国家里，人们之间的关系是平等互利的同志式关系。人与人之间只有分工的不同，而没有高低贵贱之分。这种关系反映到家庭中，就是家庭成员无论男女，地位都是平等的，没有尊卑贵贱之别。因此，家庭中的各种劳动就应该按照平等地位的原则，来共同承担，任何人都不能搞"特权"。如果有人搞"特权"，那实际上就是以别人的辛苦，换来自己的"舒服"，这就会给别人带来不愉快。久而久之，家庭就有可能发生冲突，爆发内战。

平等分担家务劳动有助于培养家庭成员的家庭责任感。生活在家庭中的成员，不论男女，都有为家庭建设尽力的责任。这种责任在家务劳动中最能显见出来。实际上，随着家务劳动社会化程度的提高，随着家庭物品电器化的普及，家务劳动的项目在逐步减少，家务劳动的强度在逐渐减轻，分担家务劳动的目的，并不全是为了减轻某个家庭成员的劳务负担，而是在尽一种责任，在培养家庭成员的责任感。

当然，平等分担家务劳动并非是要平均分担家务劳动，我们还要提倡"互助合作"的精神。要根据各自的生理特点和社会工作特点来统筹合理安排家务劳动。男性身体强壮，就多做点重体力活；女人柔弱心细，就多干点技术性的事。不论男女，谁在家闲赋的时间多、有精力，就多干点家务。千万不能将"平等"分担家务劳动理解为"平均"分担家务劳动。

3. 夫妻和睦是家庭美德建设的重心

夫妻关系是家庭关系的核心。夫妻关系是否和睦，直接影响到家庭其他成员之间的关系，影响到整个家庭的幸福。因此，要搞好家庭美德建设，必须建立和睦的夫妻关系。

第一，要有正确的婚恋观。恋爱是婚姻的序曲，是男女双方为了培养爱情、缔结婚姻，在婚前通过各种交往活动进行思想感情交流的过程。序曲的调子定得如何，直接关系到婚姻的质量和家庭的稳定。所以，要想婚后夫妻和睦、家庭稳定，首先就得树立正确的婚恋观。

恋爱的目的，应该是为了培养爱情、缔结婚姻。如果背离这一目的，而以恋爱为手段，实现非爱情的其他目的，就违背了社会主义的婚恋道德，应该受到谴责。

爱情是男女之间相互真挚爱慕的一种纯洁高尚的道德感情。这种感情的培育，是恋爱的任务。在恋爱的过程中，男女双方要忠诚、坦率，不虚伪，不做作。工作上互相帮助，学习上互相促进，生活上互相关心，人格上互相充实。只有这样，才能达到双方互相了解，培育出纯洁高尚的爱情来。正如有位名人所说："真正的爱情不是诞生在恋爱的始端，而是在恋爱过程中达到心心相印的结果。"

第二，共同承担起家庭的责任和义务。男女结合为夫妻，是人类神圣的行为。男女结合的目的，并非单纯地为了性爱、为了繁衍后代，它有着重要的社会意义。这主要表现为夫妻的责任和义务。这种责任和义务既有法律的规定，也有道德的约定。在家庭生活中，夫妻必须履行以下的责任和义务：

互敬互爱，共同培育爱情。有人说："婚姻是爱情的坟墓。"有人说："婚姻是爱情的宫殿。"有人说："婚姻是被围困的城堡，城外的人想冲进去，城里的人想逃出来。"

婚姻到底是什么，是一个古今中外一直争论不休的话题。实际上，这个话题说复杂是无比的复杂，说简单是无比的简单。关键是你怎么看，怎么做。

如果你把婚姻看作是爱情的坟墓，是被围困的城堡，那它就是坟墓，就是城堡。因为戴着这副有色眼镜来经营你的爱情，你就会觉得婚姻的世界很无奈，就会想方设法地冲出围城，并振振有词地宣称："我们因误解而结婚，因了解而离婚。"

如果你把婚姻看作是宫殿，是幸福之所，那它就是宫殿，就是幸福之所。你怀着这美丽的憧憬来经营你的爱情，你就会觉得婚姻的世界很精彩，就会尽心尽力地来建设你的幸福的宫殿，并高兴地告知他人："我们因相爱而结婚，因结婚而更相爱。"

可见，事在人为。婚姻幸福与不幸福，关键在于自己怎样把握。

怎样把握？10个字可以高度概括，这就是"互敬互爱，共同培育爱情"。这10个字也是夫妻的首要责任与义务。只有履行了这一责任和义务，你的爱情之树才能常青。

夫妻携手，共同培养教育子女。众所周知，在所有的图形中，三角形是最具有稳固性的。因此，有人将父母与孩子的关系比喻成三角形的关系。父母与孩子各为一条边，这三条边组成了一个稳固的三角形框架，支撑起家的结构。著名社会学家费孝通教授便说："婚姻的意义就在于建立这社会结构中的基本的三角，夫妻之间不仅有男女间的两性关系，而且有向儿女负责的合作的关系——夫妇和亲子，这两种关系，不能分别独立，夫妇关系以亲子关系为前提，亲子关系也是以夫妇关系为必要的条件，这是三角形不能短缺的。"

的确，家庭这个三角形的三条边是不能短缺的。一条边发生倾斜，另外两条边就会倒塌，三角形也就不复存在了。只有三条边都处于良好的状态，家庭这个三角形才是稳固的、健康的、幸福的。不仅如此，家庭的稳固、健康、幸福也是社会稳定、发展的基础。

作为夫妻的两条边，经过上一辈人的教诲，经过生活的磨炼、实践，已经基本定型。但作为孩子的那条边，由于年龄尚小，对社会还缺乏必要的了解，所以伸缩性很强。这就需要夫妇携手，共同培育教育好子女，使孩子的这条边健康、茁壮，从而使家庭这个三角形永不变形。否则，就会使家庭这个三角形不复存在。

相互沟通，处理好与家庭其他成员之间的关系。现在的家庭虽然多是以一对夫妇和未婚子女组成的核心家庭，但这并不是说，这个家庭与其他人员就没有什么关系了。实际上，在中国的现实社会中，家庭成员的关系，除了夫妻之间的关系、父母与子女之间的关系外，还有兄弟姊妹的关系、翁婿关系、妯娌关系等。处理好这方方面面的关系，也应该是夫妻双方的责任和义务。

对于双方的父母，夫妻二人责无旁贷地要尽赡养和孝敬的责任和义务，使他们老有所养，幸福愉快地安度晚年。

对于兄弟姊妹，虽然法律上没有规定互相抚养的义务，但当他们生活遇到困难时，也应该伸出援助之手。若是因为家庭遭遇变故，弟弟、妹妹未成年，有抚养能力的兄长、姐姐，则应该担负起抚养他们的责任。这是社会主义婚姻家庭道德的要求。

当然，处理好与家庭其他成员之间的关系并不单单是赡养、抚养的问题，还有其他方面的问题。其中最关键的是家庭利益的处理问题。许多家庭成员之间闹矛盾，都是因为家庭利益处理不当造成的。为了遗产、为了房产，家庭成员间大动干戈，反目为仇。什么手足情，什么婆媳情，统统不如"金钱情"。这样做的结果，不仅影响夫妻感情，也有害于社会的安定。因此，为了家庭的幸福，为了社会的稳定，夫妻应该相互沟通，共同处理好与家庭其他成员之间的关系。

4. 勤俭持家是中华民族的传统美德

勤俭持家是中华民族的优良传统，也是我们中华民族世世代代所崇尚的传统美德。千百年来，人们靠着勤俭持家、艰苦奋斗的精神，渡过了一个又一个难关，战胜了一个又一个的困难，建立了一个个美满幸福的新家庭，为社会主义现代化建设奠定了良好的基础。因此老一辈无产阶级革命家陈毅谆谆告诫他的子女："汝是党之子，革命是吾风；汝是无产者，勤俭是吾宗。"这不仅是陈毅同志对子女的要求，也是对我们全体公民的要求。

第一，勤俭持家是中华民族的传统美德。人类社会的发展史，就是人类艰苦奋斗、勤俭持家的创业史。从石器的打凿，到铁器、铜器的发明，一直到如今的高精尖科学技术的出现；从住山洞、茅草屋，到今天的住高楼大厦，人类的这一切文明，都是靠着艰苦奋斗、勤俭持家的创业精神获得的。

马克思主义认为，人类生存和发展的基础是物质生活资料的生产。人类为了创造赖以生存和发展的物质基础，付出了巨大的艰辛；人类为了充分利用赖以生存和发展的物质生活资料，作出了巨大的努力。所以，人类要不断地追求进步，要不断地提高自己的物质生活水平，要持续地改善自己的生活质量，就必须艰苦奋斗、勤俭持家。而社会越发展、越进步，人们的生活水平越高，越需要这种精神。可以说，艰苦奋斗、勤俭持家不是哪一个时代所固有的精神，它是与人类共生共存的优良传统。这种传统经过千百年来的实践逐步积淀成为一种崇高的美德。

自古以来，我国劳动人民就以勤劳节俭闻名于世。他们珍惜每一粒粮食，珍惜每一点劳动成果。"一饭一粥，当思来之不易；半丝半缕，恒念物力维艰。"就拿东晋的陶侃来说吧，他贵为朝廷大臣，却连竹头木屑也不浪费。

在陶侃当荆州刺史时，他曾命令造船的官吏，将木屑全都收集起来留存。开始时，大家都不知道他让留木屑干什么。回来才明白是怎么一回事。那是正月的时候，接连下了几天的大雪。等到晴天时，官府前的台阶上还很潮湿。陶侃便让人将木屑拿来撒在台阶上，方便了人们行走。官府使用竹子时，他下令将剩余的竹根收集起来。竹根堆积如山。后来，桓温讨伐蜀国造船时，这些竹根都成了竹钉。

第二，勤俭持家是成家立业的根本。市场经济的健康发展，为我国全体公民创造了前所未有的建设富裕家庭的条件。但要想真正实现这一目标，还必须要坚持勤俭持家，艰苦奋斗。勤俭持家、艰苦奋斗是每个公民的成家立业之本。

"勤"就是勤劳。"天上不会掉馅饼"，靠买彩票发财致富的毕竟是凤毛麟角，不是谁都能这么幸运的。因此，只有勤劳，才是致富的真正手段。古希腊著名文学家伊索有一句名言:"勤劳就是人们的财宝。"这话真是说到了点子上。的确,勤劳可以增加收入,收入增加了,家中的财富自然增多了,于是,勤劳就变成了财宝;而懒惰,即使是家财万贯,也会坐吃山空。

"俭"就是节俭。我们靠勤劳增加了收入,但是,如果奢侈浪费,辛苦赚来的财富,也会付诸东流。因此,开源还必须节流。节流就是减少支出,也就是减少浪费。古人云:"成由勤俭败由奢。"这千年古训值得我们每一位公民铭记。

第三,要大力弘扬勤俭持家的精神。如今,我们的物质生活水平有了前所未有的提高,但是仍然要大力弘扬勤俭持家的精神。

勤俭持家是建设者的生存哲学。实际上,勤俭持家包含着物质和精神两方面的内容。在物质方面,勤俭持家的精神要求人们克勤克俭,珍惜劳动创造的物质成果;在精神方面,勤俭持家的精神要求人们艰苦奋斗,奋发向上。勤俭持家是一种积极的、健康的生活态度,是建设者的生存哲学。

勤俭持家是腐败堕落的克星。唐代著名诗人李商隐有句名言:"历览前贤国与家,成由勤俭败由奢。"这是历史经验的总结。千百年来,无数的事实证明,艰苦创业、勤俭持家,则国富民强;丢掉了勤俭持家的传统美德,贪图享乐,骄奢淫逸,搞铺张浪费,往小里说,能毁掉一个人的前程,毁掉一个家;往大里说,能使国家由强变弱,最终走向灭亡。翻开历史,这种悲剧无数次地上演过。一位名人说得好:"享乐对于人生来说,是最危险的东西。虽然,它没有牙齿,但可以吃掉你的理想;它没有双脚,但可以勾引你走向歧途;它没有烟味,但可以熏黑你的灵魂;它没有砒霜,但可以毒害你的情操、意志和人格……享乐的生活犹如醋酸,能腐蚀灵魂的钙质,会使人坠入深渊。"所以邓小平同志谆谆告诫全党:"应该保持艰苦奋斗的传统。坚持这个传统,才能抗住腐败现象。"2013年1月17日,习近平总书记在新华社《网民呼吁遏制餐饮环节"舌尖上的浪费"》材料上批示说:"从文章反映的情况看,餐饮环节上的浪费现象触目惊心。广大干部群众对餐饮浪费等各种浪费行为特别是公款浪费行为反映强烈。联想到我国还有为数众多的困难群众,各种浪费现象的严重存在令人十分痛心。浪费之风务必狠刹!要加大宣传引导力度,大力弘扬中华民族勤俭节约的优秀传统,大力宣传节约光荣、浪费可耻的思想观念,努力使厉行节约、反对浪费在全社会蔚然成风。各级党政军机关、事业单位,各人民团体、国有企业,各级领导干部,都要率先垂范,严格执行公务接待制度,严格落实各项节约措施,坚决杜绝公款浪费现象。要采取针对性、操作性、指导性强的举措,加强监督检查,鼓励节约,整治浪费。"

5. 邻里互助有利于社会的和谐稳定

邻里关系实际上是一种地缘关系。它是居住的地理位置接近而非亲属家庭之间的关系。建设团结互助的邻里关系，是新时代公民道德建设对每个公民的具体要求。

第一，正确认识互助的邻里关系。邻里是家庭的延伸和扩展，是浓缩的小社会。邻里关系实际上是社会关系的具体化。邻里关系不仅仅可以反映社区居民的精神面貌以及他们对所在社区的认同感和归属感，而且更能反映出一个社会所属成员的整体精神状态，反映出社会风气和社会的道德水平。因此，从微观上讲，良好的邻里关系能够促进社区的发展；从宏观上看，良好的邻里关系能够为社会稳定作出贡献。

互助的邻里关系有利于人的心理健康。社会的发展拉大了家庭成员与亲属间的区位距离，即使是现代化的交通工具和便捷的通讯方式也不能完全缩短这一距离。因此，人们每天接触最频繁的、交往最多的还是家庭周围的居民。如果人们能与这些每日低头不见抬头见的邻里搞好团结，就会增加沟通的机会，从而有利于身心健康。如果不能搞好团结，弄得鸡飞狗跳墙，谁见了谁都烦，就会影响身心健康。

互助的邻里关系有利于互相帮助。常言道："远亲不如近邻。"这话表现了一种价值判断。它是指人们在遇到困难的时候，邻里的帮助要比远亲来得及时。实际上也是如此。亲戚虽然具有血缘、姻缘关系，但要是居住的距离远的话，在你需要帮助的时候，也是远水解不了近渴。而邻里虽然没有血缘、姻缘关系，但地缘关

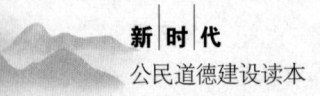

系却能把彼此联系在一起。当谁家有困难，适时伸出援助之手，是很便利的事。

第二，要助邻为乐，不要以邻为壑。生活中，谁家都有遇到困难的时候。一家有困难，大家伸出手来帮助，这是社会主义的美德。邻里虽然非亲非故、职业不同、爱好相异，但朝夕相见的环境把彼此联系在一起，使彼此的日常生活有了密切的关系。因此，当邻里有了需要帮助的事情时，我们就应该及时给予帮助。如果你"只扫自己门前雪，不管他人瓦上霜"，冷漠地对待邻里的困难，就不会有好人缘。久而久之，你的家就会成为同邻里"鸡犬之声相闻，老死不相往来"的封闭型家庭。这种家庭虽然可能与邻里相安无事，但却不是正常的邻里关系。

对邻里要常怀一份爱心，待人接物胸怀坦荡，纯朴真诚，邻里有困难，要尽力相助，不要视而不见，漠不关心。在日常琐事中，要多为对方设想，不要自私自利。比如邻居家中有了什么困难，要尽力帮助，对邻居孩子要关心爱护。"爱人者人恒爱之，敬人者人恒敬之"说的就是这个道理，只要你真诚关心他人，设身处地为他人着想，他们又怎能不以亲切感情来对待你呢？

第三，要宽容大度，不要寸步不让。邻里朝夕相处，难免会有利益纠纷，言语交锋。当矛盾发生时，邻里双方都要宽容大度，不要斤斤计较；即使是自己有理，也不要得理不让人，要学会宽容。

邻里之间"低头不见抬头见"，打交道总比别人多。产生矛

第二章
新时代公民道德建设的着力点

盾的机会也多。一旦出现分歧,要心平气和,礼让为重,切不可大动肝火,剑拔弩张,而应本着"大事化小,小事化了"的原则来处理。不要得理不饶人,更不能无理取闹。

清朝康熙年间有位大学士名叫张英。一天,张英收到家信,说家人为了争三尺房基地,与邻居几乎大动干戈,要他运用职权,疏通关系,打赢这场官司。张英阅信后,坦然一笑,挥笔写了一封回信,并附诗一首:

千里修书只为墙,让他三尺又何妨?
长城万里今犹在,不见当年秦始皇。

家人接信后,让出了地基。邻家看了,也要让地基。结果各让三尺,成了六尺巷道,取名"仁义胡同"。化干戈为玉帛。

表面上看,张家让的是三尺房基地,而实际上,张家让的是一种"宽容"的精神。

宽容,是一种美德。为人宽容,就能解人之难,补人之过,扬人之长,谅人之短;为人宽容,就能赢得邻居的友谊。

宽容是高尚的,但要做到宽容,却不是一件容易的事。我们常见一些邻里,为了鸡毛蒜皮的小事,就"口诛笔伐",甚至大动干戈。对于他人的过失冒犯,也是念念不忘,铭刻在心。这是非常不可取的。

四、加强个人品德建设，日常生活中养成好品行

个人品德建设，是2007年首次在党的十七大报告中提出来的。十七大报告提出，要"大力弘扬爱国主义、集体主义、社会主义思想，以增强诚信意识为重点，加强社会公德、职业道德、家庭美德、个人品德建设，发挥道德模范榜样作用，引导人们自觉履行法定义务、社会责任、家庭责任。"这是适应社会发展需要而提出的道德建设要求。新发布的《纲要》则予以个人品德建设具体的内容要求，这就是："推动践行以爱国奉献、明礼遵规、勤劳善良、宽厚正直、自强自律为主要内容的个人品德，鼓励人们在日常生活中养成好品行。"

1. 爱国奉献，最为崇高的道德情感

爱国奉献不仅是一种最崇高的道德情感，也是道德规范中最神圣的规范，是每一位公民高于一切的美德。正如徐特立先生所说："人民不仅有权爱国，而且爱国是个义务，是一种光荣。"一个人可以失去金钱，可以失去事业，可以失去家庭，甚至可以失去生命，但唯独不可以失去祖国。"国破则家亡，国兴则家昌。"

第一，爱国奉献，是中华民族美好的道德传统，是"千百年来巩固起来的对自己祖国的一种最深厚的感情"。她是人们对祖国

山川物产、疆土资源、优秀历史传统和绚丽文化艺术的无限珍爱；是对祖国尊严、荣誉、利益和命运的深切关注；是对祖国经济、科学、文化健康发展的由衷渴望；是对外来侵略的刻骨痛恨和坚决反抗；是愿为祖国的独立、统一、繁荣、富强而勇于献身的奉献精神。

第二，爱国奉献，要全面地认识祖国的历史和现状，增强心中的祖国意识。

全面地认识祖国的历史，就是要了解它的过去，了解它的传统，了解它光辉灿烂的文化，了解它饱受战乱、积弱积贫的历史。

全面地认识祖国的现状，就是要了解在中国共产党领导下，中国从最悲惨的境遇向着光明的前途实现的伟大历史转变；就是要了解近代以来久经磨难的中华民族迎来了从站起来、富起来到强起来的伟大飞跃，迎来了实现中华民族伟大复兴的光明前景。

当我们全面而深刻地认识了祖国的历史和现状，就会增强心中的祖国意识。有了强烈的祖国意识，就能时时处处感受到祖国的存在，时时处处想到为祖国奉献，时时处处注意维护祖国的尊严，时时处处注意维护祖国的统一。

2. 明礼遵规，个人修养的集中体现

明礼遵规，就是懂礼貌，讲礼仪，守规矩。懂礼貌，讲礼仪，守规矩，是中华民族的传统美德，这种美德在当今的社会更应该得

到发扬光大。因为，它对于"形成追求高尚、激励先进的良好社会风气"，"促进整个民族素质的不断提高"具有重要的意义。

第一，明礼是人类和谐共处的金钥匙。我国自古以来就有礼仪之邦的美誉，而且古人还高度评价"礼"的作用，将"礼"置于立身安邦的高度来认识。

生活在社会中的人，每天都要同他人打交道。你尊重别人，别人也会尊重你；如果你对人家蛮横粗暴，人家就会对你避而远之。

明礼，是一个人教养的主要标志。德国著名文学家歌德有句话说得好："一个人的礼貌就是一面照出他的肖像的镜子。"的确，人们总是根据你的言谈举止对你进行评价。你的言谈举止有礼貌，人们就会认为你有教养，反之，则视为无教养。

英国著名教育家约翰·洛克说："礼貌是儿童与青年所应该特别小心地养成习惯的第一件大事。"岂止是儿童与青年，我们所有的公民都应该养成礼貌的"习惯"，增强礼仪、礼节意识，这才无愧于礼仪之邦的公民称号。

第二，没有规矩，无以成方圆。人没有规矩则废，家没有规矩则败，党没有规矩则亡，国没有规矩则乱。一个人离开了"规矩"的约束，就会出这样那样的问题，就会犯这样那样的错误。因此，一个人做任何事情都要有规矩、懂规矩、守规矩。

什么是规矩？《现代汉语词典》解释说：规矩是"规定出来供大家遵守的制度或章程。"

规矩的生命力在于遵守。没有对规矩的遵守，规矩也就失去了它存在的意义。中国WTO首席谈判代表龙永图曾经讲过这样一件事：

在瑞士的一天，龙永图去一家公园上公厕。在公厕里，他听到隔间传出奇怪的声响。

出门后，一位女士焦急地问他看没看见进去多时的男孩。龙永图又返身走进厕所，打开隔壁的门，只见一个七八岁的小男孩正满头大汗地摆弄着马桶的抽水器。

龙永图问："小朋友你在干啥？你妈妈在外面等你。"

小男孩答："这马桶抽不出水来，我不能就这样走了。"

龙永图震惊了：这是一种什么意识？既然公厕的抽水器坏了，这小男孩完全可以拍屁股一走了之。他却没有这么做。这就是一种社会责任感，从小培养出的一种遵守规则的习惯。

我们正处在社会转型时期，要想不走错路、不走弯路，必须铺设好自己的人生轨道。这就是要注意学习规矩，增强法制、纪律观念。否则，便会因为不知规矩而走错路，走弯路。

3. 勤劳善良，实现伟大梦想的阶梯

勤劳善良是一个人幸福的源泉，是实现伟大梦想的"金钥匙"。意大利学者、艺术家达·芬奇说："劳动一日，可得一夜的安眠；勤劳一生，可得幸福的长眠。"法国作家雨果说："善良是历史

中稀有的珍珠，善良的人几乎优于伟大的人。"美国作家马克·吐温称善良为一种世界通用的语言，它可以使盲人"看到"，聋子"听到"。

第一，要以主人翁的态度来勤劳。劳动是每一位有劳动能力的公民的责任和义务，也是他的权利。因此，每一位有劳动能力的公民都应该以主人翁的态度，自觉地积极主动地参加劳动。有了主人翁的态度，就不会仅仅把劳动看作是为个人谋生的手段，而会把劳动当作是对国家、对人民应尽的责任和义务。这样就会在劳动中充分发挥自己的聪明才智，充分调动自己的劳动热情，充分显示自己的劳动能力，从而，为社会创造更多更好的物质财富和精神财富。

第二，要以诚实的态度来勤劳，来为社会和自身创造财富。在社会主义初级阶段，由于生产力水平还不高，物质财富还不是极大地丰富，因此，劳动在一定意义上还是一种个人谋生的手段。这就需要我们正确地对待这一谋生的手段。正确地对待，就是要诚实劳动，踏踏实实地工作，不弄虚作假，不坑蒙拐骗，不贪赃枉法，用自己辛勤的汗水和心血，使个人的财富增加，使社会的财富增值。正确地对待，就是要努力掌握现代科学技术，自觉地为提高劳动生产率而努力；就是要努力提高劳动技能和劳动熟练程度，为社会创造更多的经济效益；而不搞投机蒙骗的把戏，靠巧取豪夺敛财。

第三，勤劳要自觉遵守劳动纪律。纪律是一定社会、阶级、阶层和集团所确定的、用以维护他们的利益，约束人们行为的带有强制性的命令、条例、制度、规定等准则。而劳动纪律则是指从事各种不同工作的单位、部门或系统的人员必须遵守的，带有强制性的条例、章程、制度、规定等准则。劳动纪律是在劳动过程中人与人的社会联系的一种形式。作为组织劳动的一种形式，它在任何历史时代的劳动中都存在着。没有劳动纪律，任何社会的劳动生产都无法进行。所以劳动纪律也是社会生产正常有序进行的必要条件，也是不断提高劳动生产率的重要保障。

社会主义的劳动纪律，是广大劳动者在利益、信念、目标完全一致的基础上所形成的高度自觉的纪律。这种自觉的纪律是社会主义的法规性和道德性的统一，是建立在人民根本利益的基础上保障劳动者根本利益的纪律。作为社会主义公民，必须自觉遵守劳动纪律，用劳动纪律来保证工作任务的完成。

第四，与人为善、乐善好施，善心常驻。善良是和善而不心怀恶意。中国传统文化历来追求一个"善"字：待人处事，强调心存善良、向善之美；与人交往，讲究与人为善、乐善好施；对己要求，讲究独善其身、善心常驻。

与人为善、乐善好施，善心常驻，就要扶贫济困。改革开放后，人们的生活水平有了很大的提高，这是不争的事实。但也不可否认，由于地区间的差异和人的能力的大小，以及天灾人祸的突降，使得社会成员间产生了贫富不均的现象。因此，与人为善、乐善好施就要扶贫济困。

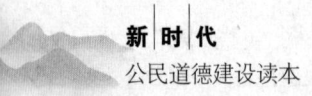

与人为善、乐善好施，善心常驻，就要救助弱小。在社会群体中，老人和儿童是弱小的群体。对于这弱小的群体，在他们需要帮助时，我们应该伸出热情之手，救他们于危难之中，帮他们于困难之时。残疾人也是社会的弱势群体。在残疾人的内心情感里，会有着常人所没有的痛苦；在他们的思想中，会有着更多的包袱与负担；他们在生活、学习、工作方面会经常遇到常人所没有的困难。这就需要别人理解他们，鼓励他们，关心他们，帮助他们。作为身体正常的人应该树立残疾人与常人享有同等权利的意识，在各方面不得歧视、嫌弃、戏弄、侮辱甚至打骂、残害残疾人，应该在各方面尊重、照顾、帮助他们，帮助他们树立生活的自信心，解决他们上学难、就业难的问题。尽可能地开发他们的潜在能力，为发挥其自身的社会价值创造条件。

4. 宽厚正直，为人处世的重要品行

宽厚，是指宽大厚道；正直，就是公正坦率，不畏强势，敢作敢为，有勇气坚持自己的信念。宽厚正直是为人处世的重要品行。

《管子·形势解》云："人主者，温良宽厚则民爱之。"君主如此，一般人也一样，一个心胸阔达的人深受人们喜欢。

古希腊哲学家伊壁鸠鲁（公元前341—前270年）在《著作残篇》中云："正直的人是一切人中最不为不安所苦者，不正的人永远为不安所苦。"苏联著名作家格里戈里·麦登斯基在其《荣誉》一

书中也说:"正直乃人类最高道德规范!"这说的都是正直的价值。

第一,心胸宽大有气量。为人宽容,就能解人之难,补人之过,扬人之长,谅人之短;为人宽容,就能赢得友谊,获得更多的朋友。

宽容是高尚的,但要做到宽容,却不是一件容易的事。

纵览古今,凡在事业上有所建树的人,都有着宽容的美德。战国时的蔺相如,三让廉颇;三国时的诸葛亮,七擒七纵孟获;长征时的朱德,受尽委屈,终于团结了红四方面军的广大指挥员,粉碎了张国焘企图分裂红军的阴谋,受到毛主席的赞扬:"意志坚如铁,度量大如海。"

法国著名作家雨果说得好:"世界上最宽阔的是海洋,比海洋更宽阔的是天空,比天空更宽阔的是人的胸怀。"前人为我们树立了榜样,我们应该向他们学习,做一个胸怀宽阔、气度恢宏的人。

怎样才能做到胸怀宽阔,气度恢宏呢?"海纳百川有容乃大,山高万仞无欲则刚。"清代爱国英雄林则徐的话给出了良策。

有容,就是说在为人处世上能谅解他人的过失,能忍让他人的冒犯,像大海一样笑纳百川。

无欲,就是不嫉人之才能,不妒人之财富,不笑人之缺欠,像高山那样巍然矗立,"心底无私天地宽"。

事实证明,胸怀豁达的人总是得到别人的敬重和称誉;心胸狭窄的人总是受到人们的唾弃和不耻。战国时的庞涓,兵败马陵道;

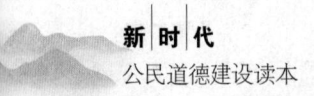

三国时的周瑜,吐血而命丧黄泉,都是心胸狭窄所致。

当然,宽容并不意味着让我们是非不分,爱憎不明;让我们曲直不清,麻木不仁。我们所说的宽容,是有原则的宽容,而不是盲目的宽容。这就是要像雷锋同志所说的那样:"对待同志要像春天般的温暖,对待敌人要像严冬一样残酷无情。"

第二,光明磊落不虚伪。正直的人是光明磊落的,他们胸怀坦荡,正大光明,面对是非有原则,处理事情守规矩。他们说话办事出以公心,不以个人好恶处事。他们在大是大非面前,能旗帜鲜明地表明自己的政治态度;他们在任何复杂的环境中,都能坚持真理,不看风使舵,不做墙头草。彭德怀就是一个正直的人。

彭德怀同志常说:一个共产党员,特别是党的高级干部,不应该隐瞒自己的政治观点。为了坚持真理,应该抛弃一切私心杂念,真正具有不怕杀头、不怕坐牢、不怕撤职、不怕开除党籍、不怕老婆离婚的"五不怕"精神。他最讨厌那种明哲保身,不讲原则的干部。

1956年,苏联的一个代表团来我国访问,彭德怀同志当面质问当时的苏联部长会议第一副主席米高扬:"斯大林有缺点,他在世时,你们为什么不提意见?他死了你们就拼命反对他?"

米高扬回答说:"当时不敢提呀,提了要掉脑袋!"彭德怀义正词严地说:"怕死还当什么共产党员?!"

在1959年的庐山会议期间,彭德怀同志以一个共产党员对党和人民高度负责的精神，给毛泽东同志写了一封信，反映"三面红旗"存在的问题。虽然因此而招来横祸，受到不公正的待遇，但他仍以党和人民的利益为重，为真理而呐喊。

庐山会议之后，他又回到湖南湘潭老家进行调查研究，并把调查研究得到的情况写成报告向中央汇报。

他的侄子劝他不要这样做，以免再遭非议。彭德怀同志对侄子说："我吃了人民的饭，就要为人民做事，替人民说话。""古代仁人志士都能做到'先天下之忧而忧，后天下之乐而乐'，我们共产党人更应该做到。明人不做暗事，有话我还要说。"

"五不怕"的精神，表现了彭德怀同志为真理勇于献身的大无畏精神；"明人不做暗事"的通俗话语，表现了彭德怀同志"目不随人视，耳不随人听，口不随人语，鼻不随人气"的光明磊落的崇高道德和对党忠诚老实的高尚品质。

5. 自强自律，不可或缺的道德力量

自强，是自我勉励，奋发图强。古希腊著名作家伊索，在其《伊索寓言》中说："奋发图强往往胜过恃才自满。"

自律，传统文化称为"慎独"，就是在无人监督的情况下，仍能坚持自己的道德信念，自我监督，自我约束，自觉地遵纪守法，自觉地按照道德规范的要求去做。

我国自古以来就有重视"慎独"的传统，认为它是一种重要的道德品质，是个人修养的重要途径和高尚的境界。对于我们新时代的公民来说，加强这方面的道德修养也是非常重要的。当然，我们这里所说的"慎独"有其独特的思想内容。它是以社会主义思想道德的原则和规范为内容的"慎独"。

第一，自强，是成功道路的阶梯。一个民族有了这种人生态度，就会昌盛；一个国家有了这种人生态度，就会富强；一个人有了这种人生态度，就会进步。总之，自强不息是我们前进的内驱力，是我们走向成功之途的助动力。请看这位用嘴操作电脑的女孩：

1984年，田甜诞生在黑龙江齐齐哈尔市一个幸福的家庭。10岁时，她考入了沈阳艺术舞蹈学校。正当她向着舞蹈演员的梦想迈进的时候，1995年7月的一天，她被入室抢劫的歹徒刺成了高位截瘫。

田甜身体瘫痪了，但她的意志却无比的坚强。她让父亲将书吊在天棚上，艰难地阅读。她用嘴咬住筷子，在电脑手写板上操作。经过艰难的练习，现在田甜不仅能熟练地操作电脑，还成了职业动画制作人。她的作品多次获奖。2002年1月，她制作的《圣诞快乐》贺卡，在中国首届电脑在线设计大赛中获得一等奖。

记得有位名人说过："世界上只有强者才能生存。"田甜就是一位强者。她的身体虽然高位瘫痪，但她的意志却无比的坚强。她靠自强不息的精神为自己打造出一条"生"路来，为自己铺就了一条成功的道路来。

第二，自律是一个人道德修养的崇高境界。自律首先要自重。

自重，就是尊重自己的人格，珍惜自己的名誉，时刻注意自己的言行，做到在任何情况下都不悖于党的方针、路线、政策；不悖于党、国家、人民的根本利益。

自律要不忘自省。自省，就是经常不断地反省自己，是否为物欲所动，是否为私欲所惑，是否为美色所迷，是否为权势所撼；政治立场是否坚定，政治方向是否明确，政治观点是否鲜明，政治理想是否牢固，政治头脑是否敏锐。孔老夫子说他是"吾日三省吾身"，实际上，我们不用做到"三省"，能在每天晚上夜深人静之时，对照着法纪和道德规范反省自己一次，就相当不错了。

自律要时刻不忘自警。自警，就是时常警示和告诫自己，在私利面前别伸手，在美色面前别动心，在权势面前别贪婪，在困难面前别退缩，在荣誉面前别自满，在群众面前别装腔，在工作面前别推诿。遵循法纪和道德规范，避免重蹈他人覆辙。

自律要经常自励。自励，就是时刻不忘用远大的理想、高尚的道德和英雄先进人物来激励自己，培养"大公无私、服从大局、艰苦奋斗、廉洁奉公"等浩然正气，抵御歪风邪气，同各种腐败现象作斗争。

自律要有高度的自觉性。自律不是一件容易的事，因为在"无人之态"时，你做了好事，没有人为你扬名；你做了坏事，也没有人批评你。这就需要你有高度的自觉性，时刻不忘用道德规范来约束自己。真正做到表里如一，人前人后一样。

第三章

新时代公民道德建设的重点任务

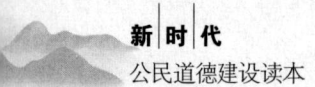

　　《纲要》不仅对新时代公民道德建设给出了总体要求，还提出了重点任务。了解把握这些重点任务，有助于有的放矢地进行公民道德建设。

第三章
新时代公民道德建设的重点任务

一、筑牢理想信念之基

《纲要》指出:"人民有信仰,国家有力量,民族有希望。信仰信念指引人生方向,引领道德追求。"这句话明确地说明了信仰信念的重要作用。

1. 打牢信仰信念的思想理论根基

所谓信仰,是指人们对某种理论、学说、主义的信服和尊崇,并把它奉为自己的行为准则和活动指南。中国共产党的信仰是马克思主义。

2016年7月2日,习近平总书记在庆祝中国共产党成立95周年大会上的讲话中指出:"无论是处于顺境还是逆境,中国共产党从未动摇对马克思主义的信仰","背离或放弃马克思主义,中国共产党就会失去灵魂、迷失方向。在坚持马克思主义指导地位这一根本问题上,我们必须坚定不移,任何时候任何情况下都不能有丝毫动摇。"

信念,是对一种理想目标的向往并为之奋斗和献身的不懈追求。我们共产党人的信念就是建设中国特色社会主义,最终实现共产主义。这种信念,无论是在过去、现在还是将来,都是不能有丝

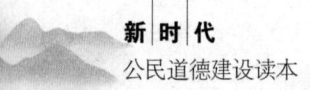

毫不动摇的。

而要坚定信仰信念，就必须打牢信仰信念的思想理论基础。这就是要坚持不懈地用习近平新时代中国特色社会主义思想武装全党、教育人民，引导人们把握丰富内涵、精神实质、实践要求。

2019年1月31日发布的《中共中央关于加强党的政治建设的意见》强调："习近平新时代中国特色社会主义思想是当代中国马克思主义、21世纪马克思主义，是全党全国人民为实现中华民族伟大复兴而奋斗的行动指南，是经过实践检验、富有实践伟力的强大思想武器，必须长期坚持并不断发展。"

2. 理想信念是共产党人精神上的"钙"

理想，是对美好未来有根据、合理的设想，古人称之为"志"。我国自古以来就有重视理想的传统，认为"一息尚存，此志不容稍懈"，把理想与生命等同视之。

理想，是我们人生的奋斗目标。古往今来，大凡有所作为者，都是有崇高理想的人。俄国著名文学家高尔基说得好："一个人追求的目标越高，他们的才力就发挥得越快，对社会就越有益。我确信这是一个真理。"

古往今来，大凡有所作为者，都是有崇高而远大理想之人。比如说周恩来，在他12岁的时候，就树立了要"为中华崛起而读书！"的理想。

第三章
新时代公民道德建设的重点任务

1910年,12岁的周恩来在沈阳东关模范学校读书。一天,老师在课堂上问同学们:"读书是为了什么?"有的同学回答说:"是为了帮助家父记账。"有的同学说:"是为了将来做官光耀门庭。"当周恩来回答这个问题时,他庄重地答道:"为中华崛起而读书!"

为什么古往今来,大凡有所作为者,都是有崇高而远大理想之人?

俄国著名作家谢德林的答案是:"理想是一种特殊的阳光,没有阳光赋予生命的作用,地球会变成石头。"

德国著名诗人歌德的答案是:"我们的生活就像旅行,理想是导游者,没有导游者,一切都会停止。目标会丧失,力量也会化为乌有。"

我国改革开放的总设计师邓小平同志的答案是:"有远大的理想,才能永远保持前进的勇气和方向。"

习近平总书记的答案是:"理想信念就是共产党人精神上的'钙',没有理想信念,理想信念不坚定,精神上就会'缺钙',就会得'软骨病'。"

一个人有了崇高的理想,便能按确定的目标去进行修养和锻炼。公民加强道德建设需要树立崇高的共产主义理想和中国特色社会主义的信念,这崇高的理想和信念会成为他奋斗的方向,前进的动力。

3. 矢志不渝地为理想的实现而奋斗

人应该有远大的理想，但远大理想的实现，必须具有坚持性，必须把共产主义远大理想与中国特色社会主义共同理想统一起来，把实现个人理想融入实现国家富强、民族振兴、人民幸福的伟大梦想之中。

崇高而远大理想的实现，并不是一件简单容易的事。正如张闻天在《论青年的修养》一文中所说，她"需要几十年以至上百年的奋斗与工作。不但这样，在奋斗与工作的过程中还必然要碰到无数的困难与波折，有时甚至看来似乎是不能克服以至绝望的困难。所以不论在任何困难之下，坚持自己的理想，坚持为自己理想的实现而奋斗，是绝对必要的。没有这种坚持性，任何的理想也都不能实现"。

张闻天同志的这段话告诉我们，要想到达理想的彼岸，必须进行坚持不懈的努力，矢志不渝地为之奋斗。在奋斗中，不会是一帆风顺的。有风雨，有雷霆，有艰难险阻，甚至还要付出生命的代价。然而，能在艰难险阻中、付出生命代价中坚持理想信仰不变，是最难能可贵的，是最可歌可泣的。中国共产党早期的优秀党员、革命烈士、被称为"黄埔三杰"之首的蒋先云，就是这样的一位先锋战士。

蒋先云是湖南省新田县大坪塘乡人。1921年冬，他加入了中国共产党；1924年，他考入黄埔军校第一期，入学考试与毕业考试均名列第一，与贺衷寒、陈赓被并称为"黄埔三杰"。校长蒋介石"爱之如手足"，党代表廖仲恺赞其为"军校中最可造就的人才"，政治部主任周恩来称其为"军校中的高才生"。

蒋先云虽然深得蒋介石的钟爱和青睐，并被迅速提拔跃升，但他却信仰笃定。1926年"中山舰事件"发生后，蒋介石以"中将教育长"的职务诱导他脱离共产党，许以其担任嫡系第1军第1师师长之要职。蒋先云不为所动，拂袖而去，1926年底毅然离开蒋介石，来到革命中心武汉。投身于艰难困苦之中，奋战于枪林弹雨之下。

二、培育和践行社会主义核心价值观

社会主义核心价值观是当代中国精神的集中体现，是凝聚中国力量的思想道德基础。培育和践行社会主义核心价值观，是推进中国特色社会主义伟大事业、实现中华民族伟大复兴中国梦的战略任务。因此，加强新时代公民道德建设，必须培育和践行社会主义核心价值观，来凝聚中国力量。

2013年12月23日，新华社发布了中共中央办公厅印发的《关于培育和践行社会主义核心价值观的意见》（以下简称《意见》），《意见》对如何培育和践行社会主义核心价值观，提出了重要的指导。

1. 持续深化社会主义核心价值观宣传教育

社会主义核心价值观是社会主义核心价值体系的内核，持续深化社会主义核心价值观宣传教育的目的，是为了增进人们对社会主义核心价值观的认知认同，树立鲜明的导向、强化示范带动作用，引导人们把社会主义核心价值观作为明德修身、立德树人的根本遵循。

习近平总书记在十九大报告中指出："要以培养担当民族复兴大任的时代新人为着眼点，强化教育引导、实践养成、制度保障，发挥社会主义核心价值观对国民教育、精神文明创建、精神文化产品创作生产传播的引领作用，把社会主义核心价值观融入社会发展各方面，转化为人们的情感认同和行为习惯。"这就为持续深化社会主义核心价值观宣传教育指明了方向。

第一，用社会主义核心价值观引领社会思潮、凝聚社会共识。社会思潮是在一定历史时期内，反映一定阶段、一定阶层的利益和要求的一种社会思想倾向。

2018年2月23日，《人民论坛》发表了《当前国内社会思潮趋势走向》一文，文章说："近期，人民论坛开展多轮公众问卷调查，组织200余位相关领域专家学者进行深入研讨，对1200余位党政干部、企业家、青年学生等重点群体开展深入访谈，并参考近十余年来社会思潮演变趋势和国内外理论界研究成果，综合筛选出2017年国内值得关注的社会思潮,它们分别是:民粹主义、民族主义、生态主义、消费主义、泛娱乐主义、激进左派、文化保守主义、历史虚无主义、新自由主义、普世价值论。"文章随后指出:"信息时代扩大和加快了各种社会思潮的传播面和速度,使得多元社会思潮对政治、经济、文化等方面的影响不断加深。"

要避免一些不良社会思潮的风险,就需要加强社会思潮动态分析,用社会主义核心价值观强化对社会热点难点问题的正面引导,在尊重差异中扩大社会认同,在包容多样中形成思想共识,不断增强人们的道路自信、理论自信、制度自信和文化自信。

第二,大众媒体要发挥传播社会主流价值的主渠道作用。大众媒体要把社会主义核心价值观贯穿到日常形势宣传、成就宣传、主题宣传、典型宣传、热点引导和舆论监督中去,弘扬主旋律,传播正能量,不断巩固壮大积极健康向上的主流思想舆论。

党的十八大以来,习近平总书记多次强调,要强化教育引导、实践养成、制度保障,把社会主义核心价值观融入社会发展各方面,引导全体人民自觉践行。

第三,建设社会主义核心价值观的网上传播阵地。据《2019年第43次中国互联网络发展状况统计报告》披露:"截至2018年12月,我国网民规模为8.29亿,手机网民规模达8.17亿。"互联网时代,是一个大数据时代,是一个零距离时代,是一个趋透明时代,是一个分享的时代,是一个便捷操作的时代。

网民的数量和互联网的特点,为我们深化社会主义核心价值观宣传教育提供了重要的载体。

要适应互联网快速发展的形势,善于运用网络传播规律,把社会主义核心价值观体现到网络宣传、网络文化、网络服务中,用正面声音和先进文化占领网络阵地。

要做大做强重点新闻网站,发挥主要商业网站建设性作用,形成良好的网上舆论环境,集聚网上舆论引导合力。做好重大信息网上发布,回应网民关切,主动有效进行网上引导。推动中华优秀传统文化和当代文化精品网络化传播,创作适于新兴媒体传播、格调健康的网络文化作品。依法加强网络社会管理,加强对网络新技术新应用的管理,推进网络法制建设,规范网上信息传播秩序,整治网络淫秽色情和低俗信息,打击网络谣言和违法犯罪,使网络空间清朗起来。

2. 坚持贯穿结合融入、落细落小落实

坚持贯穿结合融入、落细落小落实,是要把社会主义核心价值观要求融入日常生活中,使之成为人们日用而不觉的道德规范和行为准则。

细节决定成败,关键在于落实。培育和践行社会主义核心价值观,不能大而化之,笼而统之,而是要落细落小落实。

第一,接地气。培育和践行社会主义核心价值观,是为了让

第三章
新时代公民道德建设的重点任务

人们以社会主义核心价值观为行为遵循,这就需要在培育和践行过程中,坚持联系实际,区分层次和对象,加强分类指导,找准与人们思想的共鸣点、与群众利益的交汇点,做到贴近性、对象化、接地气。

具体说来,就是要大力弘扬雷锋精神,广泛开展形式多样的学雷锋实践活动,采取措施推动学雷锋活动常态化。以城乡社区为重点,以相互关爱、服务社会为主题,围绕扶贫济困、应急救援、大型活动、环境保护等方面,围绕空巢老人、留守妇女儿童、困难职工、残疾人等群体,组织开展各类形式的志愿服务活动,形成我为人人、人人为我的社会风气。把学雷锋和志愿服务结合起来,建立健全志愿服务制度,完善激励机制和政策法规保障机制,把学雷锋志愿服务活动做到基层、做到社区、做进家庭。

第二,搭平台。所谓搭平台,就是在培育和践行社会主义核心价值观的过程中,要坚持改进创新,善于运用群众喜闻乐见的方式,搭建群众便于参与的平台,开辟群众乐于参与的渠道,来增强培育和践行工作的吸引力与感染力。

各类精神文明创建活动要在突出社会主义核心价值观的思想内涵上求实效。推进文明城市、文明村镇、文明单位、文明家庭等创建活动,开展全民阅读活动,不断提升公民文明素质和社会文明程度。

广泛开展美丽中国建设宣传教育。开展礼节礼仪教育,在重要场所和重要活动中升挂国旗、奏唱国歌，在学校开学、学生毕业时举行庄重简朴的典礼，完善重大灾难哀悼纪念活动，使礼节礼仪成为培育社会主流价值的重要方式。

3. 以道德滋养法治精神，以法治体现道德理念

《纲要》强调，培育和践行社会主义核心价值观，要"坚持德法兼治，以道德滋养法治精神，以法治体现道德理念，全面贯彻实施宪法，推动社会主义核心价值观融入法治建设，将社会主义核心价值观要求全面体现到中国特色社会主义法律体系中，体现到法律法规立改废释、公共政策制定修订、社会治理改进完善中，为弘扬主流价值提供良好社会环境和制度保障"。

第一，法律法规是推广社会主流价值的重要保证。《意见》要求："要把社会主义核心价值观贯彻到依法治国、依法执政、依法行政实践中，落实到立法、执法、司法、普法和依法治理各个方面，用法律的权威来增强人们培育和践行社会主义核心价值观的自觉性。厉行法治，严格执法，公正司法，捍卫宪法和法律尊严，维护社会公平正义。加强法制宣传教育，培育社会主义法治文化，弘扬社会主义法治精神，增强全社会学法尊法守法用法意识。注重把社会主义核心价值观相关要求上升为具体法律规定，充分发挥法律的规范、引导、保障、促进作用，形成有利于培育和践行社会主义核心价值观的良好法治环境。"

第二，要把践行社会主义核心价值观作为社会治理的重要内容，融入制度建设和治理工作中。实现治理效能与道德提升相互促进，形成好人好报、恩将德报的正向效应。完善市民公约、村规民约、学生守则、行业规范，在日常治理中鲜明彰显社会主流价值，使正确行为得到鼓励、错误行为受到谴责。

三、传承中华传统美德

中华传统美德是中华文化的精髓，是道德建设的不竭源泉。习近平总书记强调："一个民族、一个国家的核心价值观必须同这个民族、这个国家的历史文化相契合，同这个民族、这个国家的人民正在进行的奋斗相结合，同这个民族、这个国家需要解决的时代问题相适应。"因此，加强新时代公民道德建设，还要从中华传统美德中不断汲取营养。

如何从中华传统美德中不断汲取营养？2017年1月25日新华社发布了中共中央办公厅、国务院办公厅印发的《关于实施中华优秀传统文化传承发展工程的意见》（以下简称《意见》）该《意见》就如何做好传承中国传统文化，提出了明确的要求。

《纲要》也要求，要"以礼敬自豪的态度对待中华优秀传统文化，充分发掘文化经典、历史遗存、文物古迹承载的丰厚道德资源，弘扬古圣先贤、民族英雄、志士仁人的嘉言懿行，让中华文化基因更好植根于人们的思想意识和道德观念。深入阐发中华优秀传统文化蕴含的讲仁爱、重民本、守诚信、崇正义、尚和合、求大同等思想理念，深入挖掘自强不息、敬业乐群、扶正扬善、扶危济困、见义勇为、孝老爱亲等传统美德，必须结合新的时代条件和实践要求继承创新，充分彰显其时代价值和永恒魅力，使之与现代文化、现实生活相融相通，成为全体人民精神生活、道德实践的鲜明标识"。

1. 以礼敬自豪的态度对待中华优秀传统文化

优秀传统文化是一个国家和民族传承发展的根本和精神命脉。我们中华民族有着悠久的文明历史，有着博大精深的优秀传统文化。这种优秀的传统文化，是值得我们以礼敬自豪的态度对待的。

第一，礼敬自豪中华优秀传统文化，要有一种发自内心的恭敬自豪态度，即内在情感的表达。

中华文化源远流长、灿烂辉煌。在五千多年文明发展中孕育的中华优秀传统文化，积淀着中华民族最深沉的精神追求，代表着中华民族独特的精神标识，是中华民族生生不息、发展壮大的丰厚滋养，是中国特色社会主义植根的文化沃土，是当代中国发展的突出优势，对延续和发展中华文明、促进人类文明进步，发挥着重要作用。

第二，礼敬自豪中华优秀传统文化，还应表现在相关的行为上。习近平总书记曾经强调指出，中国特色社会主义文化"源自于中华民族五千多年文明历史所孕育的中华优秀传统文化"。

礼敬自豪中华优秀传统文化，要充分发掘文化经典、历史遗存、文物古迹承载的丰厚道德资源，弘扬古圣先贤、民族英雄、志士仁人的嘉言懿行，让中华文化基因更好植根于人们的思想意识和道德观念。

礼敬自豪中华优秀传统文化，要坚持创造性转化和创新性发展。坚持辩证唯物主义和历史唯物主义，秉持客观、科学、礼敬的态度，取其精华、去其糟粕，扬弃继承、转化创新，不复古泥古，不简单否定，不断赋予新的时代内涵和现代表达形式，不断补充、拓展、完善，使中华民族最基本的文化基因与当代文化相适应、与现代社会相协调。

2. 深入阐发中华优秀传统文化蕴含的思想理念

传承中华优秀传统文化，必须深入阐发中华优秀传统文化蕴含的讲仁爱、重民本、守诚信、崇正义、尚和合、求大同等思想理念。

第一，讲仁爱、重民本。"仁爱"是儒家的核心思想。《论语·颜渊》篇载：樊迟问仁。子曰："爱人。"韩愈《原道》言："博爱之谓仁。""仁爱"是一种博爱的胸襟。孟子倡导的"老吾老以及人之老"，就是仁爱精神的具体践行。

民本，就是正确看待民众的地位与作用。民本思想早在原始社会末期和奴隶制社会初期就已经萌芽。治水有功的大禹，就曾谆谆告诫他的臣子："民可近，不可下，民惟邦本，本固邦宁。……予临兆民，懔乎若朽索之驭六马，为人上者，奈何不敬？"（《尚书·五子之歌》）

大禹的意思是说，对待百姓，只可以亲近，不能够认为他们卑贱。只有百姓才是立国的根本，根本稳固了，国家才会安宁。我们面对亿万人民，畏惧的心情就应该像用腐朽的缰绳驾着六匹马一样。位在百姓之上的人，怎么能不谨慎呢？

大禹还说："安民则惠，黎民怀之。"（《尚书·皋陶谟》）安定民生就受人爱戴，黎民百姓就都怀念他。

到了春秋时期，民本思想已经基本形成。先哲们已经充分认识到以下的问题：

民众是治国安邦的依靠力量。"在上离民者，虽劳而不治。"（《邓析子·无厚篇》）君主如果脱离民众，即使再辛苦，也无济于事。

民众是战争胜利的决定性条件。"士民不亲附，则汤武不能以必胜也。故善附民者，是乃善用兵者也。"（《荀子·议兵》）荀子认为，即使是像汤武革命那样的正义战争，如果没有老百姓的支持，也不能取胜。所以，善于用兵的人，一定要善于获得民众的支持。

第三章
新时代公民道德建设的重点任务

民众是朝代更替的根本因素。"君者，舟也；庶人者，水也。水则载舟，水则覆舟。"（《荀子·王制》）与荀子"君舟民水"论异曲同工的，还有孔子学生子夏的"君鱼民水"论："鱼失水则死，水失鱼犹为水也。"（《太平御览》卷六百二十）。不管是"君舟民水"论，还是"君鱼民水"论，强调的都是执政者对于人民群众的依存关系。

第二，守诚信、崇正义。诚信，是中华民族宝贵的思想财富。这种思想财富早在先秦时期就已经形成。先贤圣哲无不把诚信作为立人、立德、立业、立国的根本。

《尚书》最早称为《书》，汉代始称《尚书》。《尚书》的基本内容是君王的文诰和君臣的谈话记录。

中国古代诚信的萌芽思想，就出自尧帝、伊尹等君臣之口，而且他们还以身作则，践行诚信思想。

据《尚书》与《史记·五帝本纪》记载，尧帝要选拔任用一位接班人。为这件事，他征求群臣的意见。

臣子放齐说："您的儿子丹朱很开明，还通达事理。"尧帝叹息说："唉，他说话虚妄，又好争讼，怎么可以呢！"

臣子欢兜说："共工在广泛聚集人力方面已有成效，可以任用。"尧帝说："这个人花言巧语，阳奉阴违，貌似恭谦，其实对上天都轻慢不敬。"

后来，尧帝又对四方诸侯之长说："我在位七十年，你们谁能

顺应天命，继任我的帝位？"四方诸侯之长回答说："我们德才低劣，不配取代帝位。"

尧帝说："可以明察、推举贵戚中的贤良之人，也可以推荐隐匿在民间的贤良者。"

于是，众人向尧帝推荐了虞舜。众人告诉尧帝："虞舜的父亲是个盲艺人，做事愚蠢固执，后母说话悖谬不真，兄弟傲慢骄横，但虞舜却能同他们和谐相处，并用孝行感化他们，使他们不至于陷入邪恶。"

后来，尧帝又考察了虞舜三年，见他确实德才兼备，就把帝位禅让给了他。

从这个故事中，我们可以看到，尧帝在选择接班人时，对说话虚妄的丹朱不屑一顾，对阳奉阴违的共工一口回绝，最后选择了用自己的端正品行、孝顺情操影响家人不至陷入邪恶的虞舜。尧帝在三番五次从各个方面对他的能力进行测试后，把帝位让给了他。

这说明，尧帝的头脑中已经有了选拔官员不仅要重视他的才能，更要重视他的诚信等道德品行的概念。

《周易》是一部古哲学典籍。《周易·乾》中云："修辞立其诚，所以居业也。"

这句话的意思是说，君子的言行应该真诚不虚，才能建功立业。

春秋战国时期，"诚信"问题得到了前所未有的重视。诸子百家对诚信都有论述，而阐述最丰的当属儒家。

孔子作为儒家思想的创始人，认为诚信是做人的基本要求之一，并把诚信作为"仁"的重要思想内容。"人而无信，不知其可也。"（《论语·为政》）"弟子入则孝，出则悌，谨而信，泛爱众而亲仁。""君子进德修业，忠信所以进德也；修辞立其诚，所以居业也。"孔子还把取得民众的信任看作是治国理政的第一要务，是立国安邦的前提条件。

曾子在继承孔子关于诚信思想的基础上，提出忠信是人的道德本性，是孝的根源。而且，他把忠信作为人际交往的基本规范，时刻反思是否把对亲人的忠信、敬爱推及他人。他说："吾日三省吾身：为人谋而不忠乎？与朋友交而不信乎？传不习乎？"（《论语·学而》）

孟子、荀子继承孔子、曾子的思想，指出"诚"不仅是宇宙的自然规律，而且也是治世之道，把"诚"由道德层面推进到政治伦理层面。

《礼记·大学》中也把"诚意"作为"八条目"之一，成为连结"格物""致知"与"正心""修身""齐家""治国""平天下"的中心环节。

崇正义，是中华民族源远流长的优秀文化。早在尧舜时代，"义"就是人们谈到的重要命题。后来，"义"又成为极其重要的道德范畴。《墨子·天志下》说："义者，正也。"

杨朝明先生曾经在2014年7月29日出版的《光明日报》上解释

说,"义"包含人之行为的正当与公正,也包含社会制度评判上的合宜与公平。他还进一步阐述说,"义"的内涵规定性要求社会成员"轨于正义"(《史记·游侠列传》)。

第三,尚和合、求大同。中华和合文化源远流长,甲骨文和金文中就有和、合二字。殷周之际,和与合是单一的概念,直到春秋时期,和合二字才联用并举,构成和合范畴。

秦汉以来,和合概念被普遍运用,意指在"承认'不同'事物之矛盾、差异的前提下,把彼此不同的事物统一于一个相互依存的和合体中,并在不同事物和合的过程中,吸取各个事物的优长而克其短,使之达到最佳组合,由此促进新事物的产生,推动事物的发展。"

大同,历来是中国人关于理想社会的梦想,它是以道德为基础自觉形成的秩序社会,以"天下"观念为旨归。《礼记·礼运》最早定义了"大同"的内涵:"孔子曰:大道之行也,天下为公,选贤与能,讲信修睦。故人不独亲其亲,不独子其子;使老有所终,壮有所用,幼有所长,鳏、寡、孤、独、废疾者皆有所养;男有分,女有归。货恶其弃于地也,不必藏于己;力恶其不出于身也,不必为己。是故谋闭而不兴,盗窃乱贼而不作,故外户而不闭,是谓'大同'。"

"党的十八大以来,习近平总书记提出了'中国梦'的重要思想和执政理念,并把'中国梦'定义为'实现中华民族伟大复兴，就是中华民族近代以来最伟大梦想'。他在相关论述中还提出了'讲仁爱、重民本、守诚信、崇正义、尚和合、求大同'六个范畴，这正是实现'中国梦'的核心价值和实践方向，其中'求大同'可谓'中国梦'的最高目标。①

3. 深入挖掘传统美德

继承中华传统文化，还必须深入挖掘中华传统文化中自强不息、敬业乐群、扶正扬善、扶危济困、见义勇为、孝老爱亲等传统美德。

第一，自强不息。自强不息，是自己努力向上，不松懈。语出《易经》："天行健，君子以自强不息"之语。意思是说，宇宙不停地运转，人应该效法天地，永远不停地前进。而且古代典籍中还留下了许许多多自强不息的故事。

宋代著名政治家、文学家范仲淹，少年时就立志报国，而且用粗茶淡饭来磨砺自己。他在一所僧舍中读书时，每天晚上，用糙米煮一锅稀粥，等到第二天粥凝成了冻之后，用刀切成四块，早晚各吃两块。没有蔬菜，他就用盐水泡野菜茎当菜肴。

一天，有位朋友来看他。朋友见他生活拮据，就给他送去了许多美味佳肴。而当朋友再来时，却发现自己送去的食物范仲淹还原封

---

① 谭惟：《求大同从古到今的梦想》，《人民日报》（海外版），2016年11月9日。

不动地放在那里。朋友不解地问他为什么,他告诉朋友,既要立志报国,就要准备吃苦;现在如果贪图好吃的,将来就无法去吃苦。

范仲淹之所以能成为著名的政治家、文学家,实现了自己的报国志向,就是自强不息的结果。

第二,敬业乐群。敬业乐群,是专心于所从之业,乐于跟别人相处。语出《礼记·学记》:"三年视敬业乐群,五年视博习亲师,七年视论学取友,谓之小成;九年知类通达,强立而不反,谓之大成。"

敬业乐群是古代贤人志士所推崇并践行的美德。孙思邈就是如此。

孙思邈是唐朝著名的民间医生。他热爱自己的职业,热心为百姓治病。一天,孙思邈在外出行医的途中,突然看到有人抬着一口棺材迎面走来。一个老太太跟在棺材后面痛哭。孙思邈见棺材缝中滴出许多鲜红的血来,很觉得奇怪,便询问是怎么回事。

老太太哭着告诉他:"女儿难产死了。"孙思邈一听,忙问:"你的女儿死了多久了?""刚几个时辰。"老太太说。孙思邈对老太太说:"我是个医生,请您让人把棺材打开,或许你女儿还有救。"老太婆一听女儿或许还有救,立即停止了哭泣,叫抬棺材的人打开了棺材。棺材里,一位少妇安静地躺着。孙思邈弯下腰,为她按了按脉搏,欣喜地发现这少妇的脉搏还微弱地跳动着。他赶紧拿出银针,对准穴位扎了进去。在孙思邈的救助下,少妇苏醒了,并顺利地产下了一个大胖小子。

孙思邈不仅有精湛的医术,还十分善于总结和积累经验。他的名著《千金要方》和《千金翼方》,便是这经验的总结。

孙思邈对药物也极有研究。他一生中走遍了家乡和汉中、四川一带的山山岭岭,亲自采集、炮制药物,对药性进行比较试验。由于他在药物学方面的突出贡献,人们誉称他为"药王",并把他常去采药的五台山称为"药王山"。

孙思邈的成功,源于他对"医生"职业的热爱,对病人的热情,即"敬业乐群"。因为热爱,他走遍深山采草药;因为热情,他路遇病人,便伸出救援之手。

第三,扶正扬善。扶正扬善,是扶持正气,宣扬善事。我国自古以来,就非常重视扶正扬善。《中庸》中就记载:"子曰:'舜其大知也与!舜好问而好察迩言,隐恶而扬善,执其两端,用其中于民。其斯以为舜乎!'"这段话的意思是孔子说:"舜可真是具有大智慧的人啊!他喜欢向别人问问题,又善于分析别人浅近话语里的含义。他把别人的坏处隐藏,宣扬他人的好处。过与不及两端的意见他都掌握,采纳适中的用于老百姓。这就是舜之所以为舜的地方吧!"

第四,扶危济困。扶危济困,是扶助处境危急的人,救济生活困难的人。明代施耐庵所著的《水浒传》就有:"素知将军仗义行仁,扶危济困。不想果然如此义气"之语。

宋代著名文学家苏轼就常扶危济困。苏轼在杭州做通判官时，曾审理了一起某卖扇人欠债不还的案子。当他得知卖扇人是因为扇子积压而无法还债时，他便让卖扇人拿来20把白团绢扇，欣然在扇面上绘画行书，然后让卖扇人拿去卖钱还债。因扇面上有苏轼的书画，扇子一抢而光。卖扇人因此还清了债务。

第五，见义勇为。见义勇为，是看到合乎正义的事，就勇敢地去做。《论语·为政》云："见义不为，无勇也。"在孔子看来，看到合乎正义的事情却袖手旁观，就是怯懦。弦高犒劳秦军，智退秦军，就是典型的见义勇为的行为。

弦高是春秋时期郑国的商人，他经常来往于各国之间做生意。鲁僖公33年（前627年）的春天，他去周王室辖地经商。途中，他遇到了秦国的军队。当他得知秦军要去袭击他的祖国郑国时，便一面派人急速回国报告敌情，一面伪装成郑国国君的特使，以12头牛作为礼物，犒劳秦军。弦高说："我们君王知道你们要来，特派我送来一批礼物来犒劳你们。"

弦高的这一举动，引起了袭郑秦军的疑虑，他们觉得郑国可能已做好了准备，遂犹豫不决，停下了进军的步伐，郑国避免了一次灭亡的命运。

第六，孝老爱亲。孝老爱亲，就是孝敬老人，爱护亲人。早在两千多年前，孟子就谆谆告诫世人，要"老吾老以及人之老，幼吾幼以及人之幼"。这就是说，孝敬我家的长辈，同时也要孝敬别人家里的长辈；爱护我家里的儿女，同时也要爱护别人家里的儿女。南宋理学家朱熹也说："我老老幼幼，他亦老老幼幼，互相推及，天下岂有不治？"因此，古人以尊老爱幼为荣，以虐老弃幼为耻。

对于老者，各个朝代都有着不同的孝敬尊重方式：

周朝时，每年举行一次"乡饮酒礼"，其目的之一，就是"敬老重贤"。

战国时，齐国规定，家中有70岁以上的老人，可以免除一人的赋役；家中有80岁以上的老人，可以免除二人的赋役；家中有90岁以上的老人，可以免除全家的赋役。

汉朝时，汉文帝颁旨：80岁以上的老人每月供给一定量的大米、肉和酒。

唐朝、宋朝和元朝都规定：男70岁，女75岁以上者都要有一个人伺候。

明朝提出："尊高年。"

清朝时，对老年人也极为敬重，这从"千叟宴"中可见一斑。1722年，康熙宴请全国70岁以上的老人2417人。

2014年10月15日习近平总书记在文艺工作座谈会上的讲话中指出："中华民族在长期实践中培育和形成了独特的思想理念和道德规范，有崇仁爱、重民本、守诚信、讲辩证、尚和合、求大同等思想，有自强不息、敬业乐群、扶正扬善、扶危济困、见义勇为、孝老爱亲等传统美德。中华优秀传统文化中很多思想理念和道德规范，不论过去还是现在，都有其永不褪色的价值。我们要结合新的时代条件传承和弘扬中华优秀传统文化，传承和弘扬中华美学精神。……传承中华文化，绝不是简单复古，也不是盲目排外，而是古为今用、洋为中用，辩证取舍、推陈出新，摒弃消极因素，继承积极思想，'以古人之规矩，开自己之生面'，实现中华文化的创造性转化和创新性发展。"

习近平总书记的这段讲话为我们深入挖掘中华民族传统美德，提供了正确的路径和指导，也为如何继承中华民族传统美德指明了正确的方向。

四、弘扬民族精神和时代精神

《纲要》指出："以爱国主义为核心的民族精神和以改革创新为核心的时代精神，是中华民族生生不息、发展壮大的坚实精神支撑和强大道德力量。"因此，我们要弘扬以爱国主义为核心的民族精神和以改革创新为核心的时代精神，来为强大道德力量提供坚实的精神支撑。

1. 爱国主义是中华民族精神的核心

爱国主义是中华民族精神的核心，是中华民族的民族心、民族魂，是中华民族最重要的精神财富，是中国人民和中华民族维护民族独立和民族尊严的强大精神动力。因此，弘扬民族精神，重点是弘扬爱国主义精神。

2019年11月，中共中央、国务院印发了《新时代爱国主义教育实施纲要》，并发出通知，要求各地区各部门结合实际认真贯彻落实。弘扬爱国主义精神，要着重把握以下几个方面的内容：

第一，深入开展中国特色社会主义教育。中国特色社会主义集中体现着国家、民族、人民根本利益。要高举中国特色社会主义伟大旗帜，广泛开展理想信念教育，用党领导人民进行伟大社会革命的成果说话，用改革开放以来社会主义现代化建设的伟大成就说话，用新时代坚持和发展中国特色社会主义的生动实践说话，用中国特色社会主义制度的优势说话，在历史与现实、国际与国内的对比中，引导人们深刻认识中国共产党为什么"能"、马克思主义为什么"行"、中国特色社会主义为什么"好"，牢记红色政权是从哪里来的、新中国是怎么建立起来的，倍加珍惜我们党开创的中国特色社会主义，不断增强道路自信、理论自信、制度自信、文化自信。

第二，深入开展国情教育和形势政策教育。要深入开展国情教育，帮助人们了解我国发展新的历史方位、社会主要矛盾的变化，引导人们深刻认识到，我国仍处于并将长期处于社会主义初级阶段的基本国情没有变，我国是世界上最大发展中国家的国际地位没有变，始终准确把握基本国情，既不落后于时代，也不脱离实际、超越阶段。要深入开展形势政策教育,帮助人们树立正确的历史观、大局观、角色观,了解世界正经历百年未有之大变局,我国仍处于发展的重要战略机遇期,引导人们清醒认识国际国内形势发展变化,做好我们自己的事情。

第三,强化祖国统一和民族团结进步教育。实现祖国统一、维护民族团结,是中华民族的不懈追求。要加强祖国统一教育,深刻揭示维护国家主权和领土完整、实现祖国完全统一是大势所趋、大义所在、民心所向,增进广大同胞心灵契合、互信认同,与分裂祖国的言行开展坚决斗争,引导全体中华儿女为实现民族伟大复兴、推进祖国和平统一而共同奋斗。

深化民族团结进步教育,铸牢中华民族共同体意识,加强各民族交往交流交融,引导各族群众牢固树立汉族离不开少数民族,少数民族离不开汉族,各少数民族之间也互相离不开的"三个离不开"思想,不断增强认同伟大祖国,认同中华民族,认同中华文化,认同中国共产党,认同中国特色社会主义的"五个认同",使各民族同呼吸、共命运、心连心的光荣传统代代相传。

2. 时代精神是当代中国人民精神风貌的集中写照

时代精神具有丰富的内涵,主要包括解放思想、实事求是,与时俱进、勇于创新,艰苦奋斗、务求实效等精神。在时代精神这一有机整体中,改革创新居于核心地位。因为改革创新是时代的最

第三章
新时代公民道德建设的重点任务

强音,是中华民族繁荣发展的灵魂,是我们国家兴旺发达的不竭动力。

第一,解放思想、实事求是。"解放思想,实事求是"是马克思主义的精髓,是我党的优良传统和作风,是我们共产党人正确认识和改造客观世界的重要理论指南,是时代精神的重要组成部分。"解放思想"和"实事求是"在推动社会发展中,犹如鸟之两翼,车之两轮,两者相互依存,缺一不可。

什么是解放思想?解放,就是解除束缚。由此而言,解放思想,就是解除思想上的束缚。用邓小平同志的话说,我们讲解放思想,是指在马克思主义指导下打破习惯势力和主观偏见的束缚,研究新情况,解决新问题,使思想和实际相符合,使主观和客观相符合,实事求是地、创造性地开展工作。

习近平总书记在纪念马克思诞辰200周年大会上的讲话指出:"价值先进、思想解放,是一个社会活力的来源。"他还进一步强调:"解放思想是前提,是解放和发展社会生产力、解放和增强社会活力的总开关。"

没有"解放思想",就会因循守旧、墨守成规、抱守残缺,就不能顺应经济社会的发展规律,就会落后于时代发展的步伐。

解放思想的目的在于更好地实事求是。实事求是是马克思主义哲学的精髓,是我党始终坚持的各项工作的根本思想方法。

什么是实事求是?1941年5月,在延安干部工作会议上,毛泽

东同志作了《改造我们的学习》的报告。在报告中,他对"实事求是"作了如下的阐述:

"'实事'就是客观存在着的一切事物,'是'就是客观事物的内部联系,即规律性,'求'就是我们去研究。我们要从国内外、省内外、县内外、区内外的实际情况出发,从其中引出其固有的而不是臆造的规律性,即找出周围事变的内部联系,作为我们行动的向导。"

没有"实事求是","解放思想"就没有了根基,就失去了依凭。

习近平总书记2012年5月16日在中央党校春季学期第二批入学学员开学典礼上的讲话中指出:"坚持实事求是,就是坚持一切从实际出发来研究和解决问题,坚持理论联系实际来制定和形成指导实践发展的正确路线方针政策,坚持在实践中检验真理和发展真理。"

总结和回顾我们党领导中国革命、建设和改革开放的历史,我们可以很清楚地看到,党和人民的事业取得的任何成功都源于解放思想、实事求是。什么时候坚持了解放思想、实事求是,什么时候就能成功;相反,离开了解放思想、实事求是,党和人民的事业就会受到损失,甚至是严重的挫折。正像习近平总书记所指出的:"没有解放思想,我们党就不可能在十年动乱结束不久作出把党和国家工作中心转移到经济建设上来、实行改革开放的历史性决策,开启我国发展的历史新时期;没有解放思想,我们党就不可能在实践中

第三章
新时代公民道德建设的重点任务

不断推进理论创新和实践创新,有效化解前进道路上的各种风险挑战,把改革开放不断推向前进。"

第二,与时俱进、勇于创新。与时俱进,勇于创新,就是顺应时代进步的潮流,从不断变化的客观实际出发,开拓马克思主义理论发展的新境界,使我们党的全部理论和工作都体现出时代性和创造性。

习近平总书记在十九大报告中强调:"创新是引领发展的第一动力,是建设现代化经济体系的战略支撑。"2019年11月22日他在会见2019年"创新经济论坛"外方代表时又指出:"创新是当今时代的一个重大命题。"

与时俱进、勇于创新,是一个国家兴旺发达的不竭动力。只有与时俱进、勇于创新,我们的各项工作才能体现出时代性,才能具有创造性;只有与时俱进、勇于创新,我们的发展才能有新思路,我们的改革才能有新突破,我们的各项工作才能有新举措。

第三,艰苦奋斗、务求实效。艰苦奋斗、务求实效的精神是我党的优良传统和作风,是中国革命胜利和社会主义现代化建设的法宝。

1936年,美国记者斯诺秘密访问了延安。当他看到毛泽东住的是简陋的窑洞,四壁黄土,一盏油灯,穿的是打补丁的衣服,吃的是小米饭南瓜汤。看到周恩来睡的是土炕,彭德怀穿的是用缴获的降落伞做的背心时,他被共产党领袖艰苦奋斗的精神感动了。他断言,这种艰苦奋斗的作风会产生一种伟大的力量。这种力量是一种

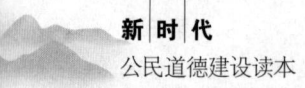

"东方魔力"。

实干兴邦,空谈误国。中国革命的胜利和社会主义现代化建设的成功,就是艰苦奋斗、务求实效干出来的。正如习近平总书记在十九大报告中所指出的:"九十六年来,为了实现中华民族伟大复兴的历史使命,无论是弱小还是强大,无论是顺境还是逆境,我们党都初心不改、矢志不渝,团结带领人民历经千难万险,付出巨大牺牲,敢于面对曲折,勇于修正错误,攻克了一个又一个看似不可攻克的难关,创造了一个又一个彪炳史册的人间奇迹。"

艰苦奋斗、务求实效的优良传统和作风,是我党团结和领导人民实现民族复兴、国家富强的强大的精神力量。

正是依靠这种精神力量,中国共产党历经九十余年而始终保持着无产阶级政党的政治本色;正是依靠这种精神力量,中国共产党历尽艰难困苦,饱受重重磨难而不坠革命之志,带领着全国人民在白色恐怖中开辟了革命根据地,完成了震惊世界的两万五千里长征,取得了抗日战争和解放战争的伟大胜利,建立了伟大的中华人民共和国。

大革命失败之后,中国革命进入了低潮。此时的中国共产党不仅面对着反革命力量的血腥屠杀,也面对着艰难困苦的生活局面。在严峻的生死考验面前,年青的中国共产党表现出了大无畏的精神,他们从地上爬起来,揩干净身上的血迹,掩埋好同伴们的尸首,又继续战斗了。

第三章
新时代公民道德建设的重点任务

长征时期,红军所遭遇的艰难困苦更是世所罕见。但是,英勇的红军战士依靠着艰苦奋斗的精神力量,冲破了国民党军队的围追堵截,克服了雪山草地的自然险阻,忍受了饥寒伤病的折磨摧残,战胜了党内分裂的严重危机,胜利地完成了举世瞩目的两万五千里长征。

抗日战争进入相持阶段后,由于日本帝国主义的野蛮进攻,和国民党顽固派的军事包围、经济封锁,再加上自然灾害的袭击,中国共产党领导的抗日根据地和敌后抗战,遇到了严重的困难。革命队伍几乎没有衣穿,没有饭吃。但是困难并没有吓倒共产党人。中共中央明确指出,人民抗战面临的困难是前进中的困难,是日益接近胜利的暂时困难;强调发扬革命精神,战胜困难,争取胜利。这种精神就是自力更生、艰苦奋斗的精神。我党还发出了"自己动手、丰衣足食、艰苦奋斗、克服困难"的号召,官兵一道开荒种地,纺线织布,终于以自力更生、艰苦奋斗的精神渡过了难关,夺取了抗日战争的最后胜利。

毛泽东同志曾经指出:"共产党有艰苦奋斗的作风,能够忍饥饿去打日本帝国主义。从前红军长征过草地的时候,有五十天没有饭吃,吃树皮,这只有共产党能做到,别人是做不到的。"[①]

在解放战争中,中国共产党也依然面临着严峻的艰难困苦局

[①] 毛泽东:《抗大三周年纪念》(1939年5月26日),《毛泽东文集》第2卷第193页。

面。但中国共产党并没有在这些困难面前低头。她所领导的中国人民解放军硬是用小米加步枪，打败了用洋枪洋炮装备起来的国民党八百万军队。

中华人民共和国成立以后，我党继续发扬艰苦奋斗、务求实效的革命精神，带领全国人民打退了资产阶级的猖狂进攻，战胜了三年自然灾害，在一张白纸上绘出了最新最美的图画：第一台"解放"牌汽车开出了汽车制造厂，贫油的帽子扔进了太平洋；长江天堑变成了通途，腾空升起了"蘑菇云"……

在新的历史时代，我们更要发扬艰苦奋斗、务求实效的时代精神，按照习近平总书记在十九大报告中所要求的精神去做："坚持说实话、谋实事、出实招、求实效，把雷厉风行和久久为功有机结合起来，勇于攻坚克难，以钉钉子精神做实做细做好各项工作。"

3. 党史、国史、改革开放史是最好的教科书

历史是最好的教科书，也是最好的清醒剂。弘扬民族精神和时代精神，要把党史、国史、改革开放史作为教科书来学习。

第一，要结合中华民族从站起来、富起来到强起来的伟大飞跃，引导人们深刻认识历史和人民选择中国共产党、选择马克思主义、选择社会主义道路、选择改革开放的历史必然性，深刻认识我们国家和民族从哪里来、到哪里去，坚决反对历史虚无主义。

第二，要继承革命传统，弘扬革命精神，传承红色基因，结合

第三章
新时代公民道德建设的重点任务

新的时代特点赋予新的内涵，使之转化为激励人民群众进行伟大斗争的强大动力。

2011年11月，习近平总书记在出席纪念中央革命根据地创建暨中华苏维埃共和国成立80周年座谈会时指出，纪念中央革命根据地创建暨中华苏维埃共和国成立80周年，回顾我们党领导人民为实现新民主主义革命任务而艰苦创业的伟大历程，缅怀革命先烈的不朽业绩，就是要结合今天正在进行的社会主义现代化建设实际，大力弘扬党的光荣传统和优良作风，承前启后、继往开来，把老一辈无产阶级革命家开创的、一代一代共产党人和全国各族人民接续奋斗的伟大事业不断推向前进。他特别指出，我们要始终大力弘扬苏区精神，推动创先争优，不断开创各项工作新局面。在革命根据地的创建和发展中，在建立红色政权、探索革命道路的实践中，无数革命先辈用鲜血和生命铸就了以坚定信念、求真务实、一心为民、清正廉洁、艰苦奋斗、争创一流、无私奉献等为主要内涵的苏区精神。这一精神既蕴含了中国共产党人革命精神的共性，又显示了苏区时期的特色和个性，是中国共产党人政治本色和精神特质的集中体现，是中华民族精神新的升华，也是我们今天正在建设的社会主义核心价值体系的重要来源。

2014年11月，习近平总书记在福建上杭古田出席全军政治工作会议期间强调，要把我军政治工作的优良传统恢复和发扬起来，把理想信念的火种、红色传统的基因一代代传下去，让革命事业薪火

相传、血脉永续,永远保持老红军本色。

习近平总书记的这些讲话,为我们继承革命传统,弘扬革命精神,传承红色基因,提供了重要的遵循。

第三,要加强改革开放教育,引导人们深刻认识改革开放是党和人民大踏步赶上时代的重要法宝,是坚持和发展中国特色社会主义的必由之路,是决定当代中国命运的关键一招,也是决定实现"两个一百年"奋斗目标、实现中华民族伟大复兴的关键一招,凝聚起将改革开放进行到底的强大力量。

总而言之,就是要深化改革开放史、新中国史、中国共产党史、中华民族近代史、中华文明史教育,弘扬中国人民伟大创造精神、伟大奋斗精神、伟大团结精神、伟大梦想精神,倡导一切有利于团结统一、爱好和平、勤劳勇敢、自强不息的思想和观念,构筑中华民族共有精神家园。就是要继承和发扬党领导人民创造的优良传统,传承红色基因,赓续精神谱系。就是要紧紧围绕全面深化改革开放、深入推进社会主义现代化建设,大力倡导解放思想、实事求是、与时俱进、求真务实的理念,倡导"幸福源自奋斗"、"成功在于奉献"、"平凡孕育伟大"的理念,弘扬改革开放精神、劳动精神、劳模精神、工匠精神、优秀企业家精神、科学家精神,使全体人民保持昂扬向上、奋发有为的精神状态。

第四章

深化道德教育引导

加强公民道德建设，教育是基础。要紧紧抓住影响人们道德观念形成和发展的重要环节，通过学校、家庭和社会各个方面，坚持不懈地在全体公民中进行道德教育，增强公民的道德意识，使遵守社会道德真正成为人们的内在意识和自觉行动。

一、把立德树人贯穿学校教育全过程

邓小平同志曾经指出:"中国的事情能不能办好,社会主义和改革开放能不能坚持,经济能不能快一点发展起来,国家能不能长治久安,从一定意义上说,关键在人。"学校是进行系统道德教育的重要阵地,深化道德教育引导,就要把立德树人贯穿学校教育全过程。

1. 构建德智体美劳全面培养的教育体系

2018年9月10日,全国教育大会在北京召开。习近平总书记出席会议并发表了重要讲话。他在讲话中强调,要"构建德智体美劳全面培养的教育体系",要"坚持把立德树人作为根本任务",要"培养德智体美劳全面发展的社会主义建设者和接班人"。

习近平总书记在全国教育大会上的重要讲话,为构建德智体美劳全面培养的教育体系提供了根本遵循。

培养学生德智体美劳全面发展,归根到底,就是立德树人,这是教育事业发展必须始终牢牢抓住的灵魂。国无德不兴,人无德不立。

第一,教育学生深刻认识道德培养的重要性。青少年学生是祖国的未来,是世界的希望。他们的肩上担负着建设中国特色社会主义现代化强国、实现中国梦的重任,担负着改造世界的责任。

青少年学生所处的生命时期,是一个特定的人生阶段。在这一阶段,不仅生理逐步发育成熟,心理也逐步成熟,世界观、人生观、价值观等都将在这一阶段逐步形成,"染于苍则苍,染于黄则黄"。

青少年学生所处的时代,是竞争日趋激烈的新时代,所面对的是现代生活方式与传统道德观念的矛盾冲突,面对的是各种思潮的交错起伏和相互冲撞。

在此情况下,青少年学生必须加强自身的思想道德建设。只有具备了社会主义的思想道德修养,才能树立正确的世界观、人生观、价值观;才能在矛盾的激烈冲突中,保持清醒的头脑;才能在各种思潮的相互冲撞中,不迷失方向;才能成为有理想、有道德、有文化、有纪律的社会主义公民;才能担负起建设中国特色社会主义现代化强国、实现中国梦的重任,担负着改造世界的责任。

第二,形成内心美好的新时代公民道德观念。在古希腊,有一则脍炙人口的神话故事:18岁的英雄海格立斯,在人生的十字路口上遇见两位女神。这两位女神,一位称"恶德",一位叫"美德"。"恶德"见了海格立斯,便使出种种手段诱惑他去追求享乐的生活;"美德"则劝导他选择为人类除害造福的道路。

海格立斯经过慎重的考虑,离开了"恶德",听从了"美德"

女神的引导，选择了终生为同胞做好事的道路。这终生为同胞做好事的海格立斯，受到了同胞的爱戴敬仰，他的名字至今仍为人们所传颂。

现在，青少年学生同海格立斯一样，也正处在人生的十字路口。在这个路口上，有美的道德力量在召唤着他们，有恶的道德力量在诱惑着他们。何去何从，将直接影响着他们的一生，影响着中国特色社会主义现代化强国的建设事业。因此，要引导青少年学生勇敢地"趋美避恶"，也就是说，要注意培养自己内心美好的新时代公民道德观念，即文明礼貌、助人为乐、爱护公物、保护环境、遵纪守法、爱岗敬业、诚实守信、办事公道、服务群众、奉献社会、尊老爱幼，等等。

第三，将内心的新时代公民道德观念付诸实践。古人云："知易行难"。这句话说的就是实践的重要性。正如毛泽东同志在《实践论》中所说的："如果有了正确的理论，只是把它空谈一阵，束之高阁，并不实行，那么，这种理论再好也是没有意义的。"推而广之，如果青少年学生内心里有了新时代公民道德观念，却不去实践，那么，这种道德就只能是个"花瓶"。新时代公民道德观念只有付诸行动，付诸实践，才有真正的意义。捷克的夸美纽斯在其《大教学论》中说："德行的实现是由行为，不是由文字。"

2. 引导学生热爱劳动、尊重劳动

开展社会实践活动，强化劳动精神、劳动观念教育，引导学生热爱劳动、尊重劳动，懂得劳动最光荣、劳动最崇高、劳动最伟大、劳动最美丽的道理，更好认识社会、了解国情，增强社会责任感，是把立德树人贯穿学校教育全过程的重要一环。

第一，劳动能提高人的道德修养。法国著名思想家圣西门说过："劳动是一切美德的源泉。"

劳动能磨炼人的意志。劳动总是和克服困难联系在一起的。在劳动中，只有克服了困难，才能完成任务。这克服困难、完成任务的过程，就是对自己意志的磨炼过程。

劳动会使人懂得珍惜劳动成果，养成勤俭节约的好习惯；劳动能培养人的奋发向上、开拓进取的精神。

在劳动中，他的道德境界会得到升华，从而成为一个高尚的人。相反，一个厌恶劳动懒惰的人则是贪图享乐，萎靡不振，久而久之，就会走向邪恶，走向堕落。正如曾国藩所言："百种弊病，皆由懒生。懒则弛缓则治人不严，而趣功不敏，一处迟则百事懈矣！"的确，"一个人一旦沉溺于懒惰，他便不会有振兴的事业"。俄国著名文学家克雷洛夫在《池塘与河》中所说的话给了曾国藩这段话以恰当的解释。

第二，劳动是人类幸福的源泉。我们知道，劳动在从猿到人的转变过程中起到了决定的作用,"劳动不仅创造了人本身",还创造了人类社会的一切物质财富和精神财富。当你"享受"这些劳动所得的财富时,你会感到由衷的幸福。正如俄国著名教育家乌申斯基所说:"如果你能成功地选择劳动,并把自己的全部精神灌注到它里面去,那么幸福本身就会找到你。"

第三,劳动是消除一切社会病毒的伟大消毒剂。法国著名文学家司汤达在他所著的《红与黑》中说过:"假如没有劳动这个压舱的货物,任何风暴都会把生活之船翻掉。"这句话非常生动形象地说明了劳动在改造人的思想中的作用。爱劳动的人敬业诚实,勤奋努力,始终会保持着旺盛的革命精力,会积极投身于中国特色社会主义现代化强国的建设事业。

青少年学生知道了劳动在人类社会中的价值,知道了劳动在个人道德修养中的作用,他们就会热爱劳动,注意培养自己爱劳动的道德修养。

3. 加强师德师风建设

把立德树人贯穿学校教育全过程,必须加强师德师风建设,引导教师以德立身、以德立学、以德施教、以德育德,做有理想信念、有道德情操、有扎实学识、有仁爱之心的好老师。教师是教育之本,师德是教师之本。

第一,教师有道德,学校才能真正成为真理住所。教育的目的在于是传播知识，创造知识。而知识的殿堂应该是一片净土。尽管知识可以给人类带来财富，但知识殿堂本身应该是纯净的。这里没有世俗，没有铜臭，没有虚假，有的只是对真理的探索，只是对真理的追求。

话说着简单，听着也似乎很容易。但真正能够做到却不是一件容易的事。它需要有道德来守护。

亚里士多德是柏拉图的学生。他从17岁开始入师门，跟随柏拉图长达20年之久。

亚里士多德对柏拉图很是崇敬。他虽然崇敬老师，但更热爱真理。因此，他能勇敢地指出老师的错误和缺点。为此，他受到一些人的指责。

面对指责，亚里士多德回答："吾爱吾师，吾更爱真理！"这是对真理的热爱，这是对真理的坚持。一个有道德的教师，就是要有这种热爱真理、坚持真理，不向谬误低头的气节。

第二，教师有道德，才能成为人类灵魂的工程师。"善之本在教，教之本在师"。教师肩负着开启民智、传承文明的神圣使命，承载着千家万户的梦想和希望。教师是一个倍受人们尊敬的职业，人们予以这个职业很高的评价，称其为"人之模范"，"培养下一代的灵魂工程师"。

"人之模范""灵魂工程师"，是圣洁的称号。但这一圣洁的称号不是凭空得到的。它需要用道德来获得，用道德来维护。如果

第四章
深化道德教育引导

没有道德，就是对这一圣洁称号的玷污。

第三，教师有道德，校园才是真正教书育人重要阵地。校园是教书育人的重要阵地，教师担负着"传道、授业、解惑"的重任。古人云："其身正，不令而行；其身不正，虽令不从。"

如果教书育人者自身弄虚作假，讲台上说的是一套，讲台下做的又是另一套，言行不一，怎么能让学生们相信他的"传道、授业、解惑"呢？如此一来，校园是教书育人的重要阵地就名不副实了。

校园要真正成为教书育人的重要阵地，身为教书育人者必须有道德。

有人说，有什么样的老师，就会教出什么样的学生。这句话是有一定道理的。虽然"师父领进门，修行在个人"，但朝哪个门领，"师父"起着关键的作用。例如，中国无产阶级革命家、教育家徐特立，就对毛泽东产生过重要的影响。

徐特立在湖南第一师范任教时，坚决支持毛泽东等学生反对校长专横的活动。毛泽东曾经说过，当时，他最敬佩的两位老师，一位是杨昌济先生（即他后来的岳父），一位是徐老。

1937年，毛泽东在祝贺徐特立六十大寿的信中说："你是我二十年前的先生，你现在仍然是我的先生，你将来必定还是我的先生。"信中还说："当革命失败的时候，许多共产党员离开了共产党，有的甚至跑到敌人那边去了，你却在一九二七年秋天加入共产党……从那时至今长期的艰苦斗争中……什么'老',什么'身体精神不行',什么'困难障碍',都在你面前降服了。""你是革命第一,工作第一,他人第一""所有这些方面我都是佩服你的,愿意继续地学习你的,也愿意全党同志学习你。"

党的十八大以来,习近平总书记在关于教育工作的系列重要讲话中,把师德师风建设作为提升新时代教师素质、办好人民满意教育的首要任务。

2013年9月9日,习近平总书记向全国广大教师致慰问信,他在信中"希望全国广大教师牢固树立中国特色社会主义理想信念,带头践行社会主义核心价值观,自觉增强立德树人、教书育人的荣誉感和责任感,学为人师,行为世范,做学生健康成长的指导者和引路人;牢固树立终身学习理念,加强学习,拓宽视野,更新知识,不断提高业务能力和教育教学质量,努力成为业务精湛、学生喜爱的高素质教师;牢固树立改革创新意识,踊跃投身教育创新实践,为发展具有中国特色、世界水平的现代教育作出贡献。"

2014年9月9日,习近平总书记在同北京师范大学师生代表座谈时的讲话中指出:"今天的学生就是未来实现中华民族伟大复兴中国梦的主力军,广大教师就是打造这支中华民族'梦之队'的筑梦人。"

2017年10月18日,习近平总书记在十九大报告中强调:"建设教育强国是中华民族伟大复兴的基础工程,必须把教育事业放在优先位置,深化教育改革,加快教育现代化,办好人民满意的教育。

要全面贯彻党的教育方针,落实立德树人根本任务,发展素质教育,推进教育公平,培养德智体美全面发展的社会主义建设者和接班人。……加强师德师风建设,培养高素质教师队伍,倡导全社会尊师重教。"

2018年5月2日,习近平总书记在北京大学考察时,则号召广大教师,要"以德立身、以德立学、以德施教"。

习近平总书记关于师德建设的系列重要讲话为新时代师德建设提供了基本的遵循。

二、用良好家教家风涵育道德品行

家庭是社会的基本细胞,是道德养成的起点。2015年2月17日,中共中央、国务院在人民大会堂举行2015年春节团拜会。习近平总书记出席会议并讲话。他在讲话中强调:"不论时代发生多大变化,不论生活格局发生多大变化,我们都要重视家庭建设,注重家庭、注重家教、注重家风",使得"千千万万个家庭成为国家发展、民族进步、社会和谐的重要基点"。

1. 倡导现代家庭文明观念

倡导现代家庭文明观念,就是要推动形成爱国爱家、相亲相爱、向上向善、共建共享的社会主义家庭文明新风尚,让美德在家

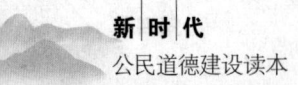

庭中生根、在亲情中升华。

第一，改变传统观念。倡导现代家庭文明观念，首先要改变传统社会中的那些不利于现代家庭文明观念形成的东西。

在传统社会里，父权为大，父要子亡，子不敢不亡。一切以父命唯听。在现代社会中，家庭成员之间应该平等地讨论问题，唯理是听。这是社会发展的必然要求，有利于家庭成员间思想的交流，感情的沟通。

第二，重视家庭教育。习近平总书记强调："家庭是人生的第一个课堂，父母是孩子的第一任老师。"倡导现代家庭文明观念，推动形成社会主义家庭文明新风尚，家庭教育是关键。

重视家庭教育，就要重言传、重身教，教知识、育品德，以身作则、耳濡目染，用正确道德观念塑造孩子美好心灵；自觉传承中华孝道，感念父母养育之恩、感念长辈关爱之情，养成孝敬父母、尊敬长辈的良好品质；倡导忠诚、责任、亲情、学习、公益的理念，让家庭成员相互影响、共同提高，在为家庭谋幸福、为他人送温暖、为社会作贡献过程中提高精神境界、培育文明风尚。

2. 培养良好家风

家风是社会风气的重要组成部分。培养良好家风，有助于形成向上向善的社会风气。在培养良好家风方面，老一辈无产阶级革命家刘伯承为全社会作出了表率。

为了不让孩子有优越感，不去搞特殊化，刘伯承夫妇在自家的电话间里贴了一张"告示"：

"儿女们，这些电话是党和国家供你爸爸办公用的。你们的私事绝对不许用这些电话。假公济私是国民党的作风，不许带到我们家里来。"

这张告示，刘伯承的六个儿女都严格地遵守着。

刘伯承的长孙降生时，他已年近八旬，听到喜讯非常高兴。但就是这样一个宝贝，刘伯承一家也严格要求，让他和人民大众的孩子没有什么两样。孩子在普通幼儿园长大，在普通学校读书，口袋里揣着汽车月票，脖子上挂着钥匙。

3. 传承优良家训，立好"家规"

家训，是家庭对子孙立身处世、持家治业的教诲。它是中国传统文化的重要组成部分。

家规，就是一个家庭所订立的对所有家庭成员都具有约束力的规矩。

没有规矩，无以成方圆。在中国传统文化中，家训、家规在培养良好的家风方面起到了非常重要的作用。例如，有"包公"、"包青天"之美誉的包拯，在晚年为子孙后代制定的家训云："后世子孙仕宦，有犯赃滥者，不得放归本家；亡殁之后，不得葬于大茔之中。不从吾志，非吾子孙。"

家训共37个字,其意思是,后代子孙走仕途的,如有犯了贪污财物罪而撤职的人,都不允许放回老家,死了以后,也不允许葬在祖坟上。不顺从我的意愿的,就不是我的子孙后代。

写完这段家训,包拯又让他的儿子包珙把这段家训刻在石头上,立在堂屋东面的墙壁旁,用来告诫后代的子孙。

纵观历史,有许多久盛不衰的大家望族。这些大家望族之所以能源远流长,避免"君子之泽,五世而斩"的历史悲剧,原因固然很多,但往往得益于其严格的家训、家规。钱氏家族就是如此。

钱氏家族自钱家先祖吴越国王钱镠开始,其人才就喷涌而出。远古的不说,就是现当代,便有钱学森、钱三强、钱其琛、钱锺书等一大批国内外知名政治家、科学家、文学家。

钱氏家族为什么长盛不衰,人才辈出?《钱氏家训》功不可没,它是钱氏家族人才辈出的直接渊源。钱学森的父亲钱均夫就曾经说过:"我们钱氏家族代代克勤克俭,对子孙要求极严,或许是受祖先家训的影响。"

《钱氏家训》从个人修养到家庭规矩,从社会责任到国家情怀,可谓字字珠玑,句句箴言。个人篇强调自省、律己、善学;家庭篇强调守序、勤俭、忠厚;社会篇强调诚信、利人、公益;国家篇强调爱民、惠民、利民。其中的每一条训词都闪耀着中华传统文化的思想光辉。

一些老一辈无产阶级革命家为什么能让人民群众世代怀念,除

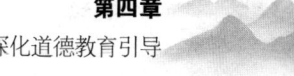

了他们严格自律的高风亮节，也包括他们清正廉洁的家风。而这清正廉洁的家风，也得益于严格的家规。比如说周恩来同志定下的家规。

新中国成立后不久，针对有些亲友要谋求一官半职的问题，周恩来同志专门召集家庭会议，定下"十条家规"：一、晚辈不准丢下工作专程来看望他，只能在出差顺路时去看看；二、来者一律住国务院招待所；三、一律到食堂排队买饭菜，有工作的自己买饭菜票，没工作的由总理代付伙食费；四、看戏以家属身份买票入场，不得用招待券；五、不许请客送礼；六、不许动用公家的汽车；七、凡个人生活上能做的事，不要别人代办；八、生活要艰苦朴素；九、在任何场合都不要说出与总理的关系，不要炫耀自己；十、不谋私利，不搞特殊化。

周恩来同志订的十条家规，是对亲属的严格要求，更是新时代公民道德建设培养良好家风的好教材。

三、以先进模范引领道德风尚

伟大时代呼唤伟大精神，崇高事业需要榜样引领。榜样的力量是无穷的。深化道德教育引导，离不开以先进模范引领道德风尚。

1. 精心选树时代楷模、道德模范

以先进模范引领道德风尚，需要精心选树时代楷模、道德模范

等先进典型。

精心选树时代楷模、道德模范等先进典型，必须坚持实事求是的原则。实事求是，是我们一切工作的基本原则，选树时代楷模、道德模范等先进典型更是如此。只有实事求是地选树时代楷模、道德模范等先进典型，被选树者才能真正感受到组织上对他品行的肯定，受到鞭策；而其他人也才能真正感受到选树的公正作风，受到鼓舞，否则，便会产生不良效果。

选树时代楷模、道德模范等先进典型，切忌为了政治需要而随意拔高，将平凡的人塑造成是金的神。如果这样做，会带来很大的弊端。

就被选树者来说，非常容易产生自我膨胀心理，误以为自己的行为真的具有那样高的意义和价值，自己真的就是那样崇高、伟大，那样了不起，从而坠入自满自足、不求进取的误区。

就其他公民来看，则非常容易产生逆反心理。人们佩服、尊崇的是真正的楷模，而不是人为拔高了的典型，对于名副其实的楷模，人们会引以为榜样，并以他的行为约束、指导自己的行为，奋起直追；而对于有名无实的样板，人们不仅不服气，还会心生厌恶、弃而远之。如此一来，岂不适得其反？本想树典型作示范，结果是群心离散。

2. 树立鲜明时代价值取向

价值取向具有实践性的品格，它的突出作用是能够决定、支配人的价值选择。以先进模范引领道德风尚，还必须树立鲜明的时代价值取向。

习近平总书记在十九大报告中要求我们"弘扬忠诚老实、公道正派、实事求是、清正廉洁等价值观，坚决防止和反对个人主义、分散主义、自由主义、本位主义、好人主义，坚决防止和反对宗派主义、圈子文化、码头文化，坚决反对搞两面派、做两面人。"

只有树立鲜明时代价值取向，才能彰显社会道德的高度。《纲要》要求，要"综合运用宣讲报告、事迹报道、专题节目、文艺作品、公益广告等形式，广泛宣传他们的先进事迹和突出贡献"。

3. 建立健全关爱关怀机制

我们不仅要选树时代楷模、道德模范等先进典型，持续推出各行各业先进人物，广泛推荐宣传最美人物、身边好人，让不同行业、不同群体都能学有榜样、行有示范，形成见贤思齐、争当先进的生动局面，还要尊崇褒扬、关心关爱先进人物和英雄模范，建立健全关爱关怀机制，维护先进人物和英雄模范的荣誉和形象，形成德者有得、好人好报的价值导向。

建立健全关爱关怀机制，就要了解时代楷模、道德模范等先进典型的困难，以制度的方式维护他们的权益，在他们受到伤害的时候，能够使他们的权益得到保障。

四、以正确舆论营造良好道德环境

舆论具有成风化人、敦风化俗的重要作用。深化道德教育引导,离不开正确舆论的引导。

1. 坚持以正确的舆论引导人

坚持以正确的舆论引导人,就要坚持以正面宣传为主,弘扬主旋律,把正确价值导向和道德要求体现到经济、社会、文化等各领域的新闻报道中,体现到娱乐、体育、广告等各类节目栏目中。

2018年8月21日至22日,全国宣传思想工作会议在北京召开。习近平总书记出席会议并发表了重要讲话。他在讲话中指出:"要把握正确舆论导向,提高新闻舆论传播力、引导力、影响力、公信力,巩固壮大主流思想舆论。"他强调,完成新形势下宣传思想工作的使命任务,必须以新时代中国特色社会主义思想和党的十九大精神为指导,增强"四个意识"、坚定"四个自信",自觉承担起举旗帜、聚民心、育新人、兴文化、展形象的使命任务。

习近平总书记的讲话是坚持以正确的舆论引导人的科学指南。

2. 加强对道德领域热点问题的引导

社会道德领域的热点问题,是大众传媒青睐的对象,也容易引起大众的普遍关注，因此，它具有较强的社会影响力。而且道德领域的热点问题，较之经济领域热点、生活领域热点，更具复杂性和特殊性，因为它涉及思想领域和意识形态方面。

社会道德领域的热点问题是一把双刃剑，必须进行正确引导，以发挥它的正向作用。《纲要》要求："加强对道德领域热点问题的引导，以事说理、以案明德，着力增强人们的法治意识、公共意识、规则意识、责任意识。"

3. 发挥舆论监督作用

以正确舆论营造良好的道德环境，还必须发挥舆论的监督作用。

习近平总书记在十八届中央纪委六次全会上指出，"要把党内监督同国家监察、群众监督结合起来，同法律监督、民主监督、审计监督、司法监督、舆论监督等协调起来，形成监督合力，推进国家治理体系和治理能力现代化"。

《纲要》要求，"对违反社会道德、背离公序良俗的言行和现象，及时进行批评、驳斥，激浊扬清、弘扬正气。传媒和相关业务从业人员要加强道德修养、强化道德自律，自觉履行社会责任。"

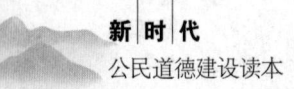

五、以优秀文艺作品陶冶道德情操

2014年10月15日上午习近平总书记在北京主持召开了文艺工作座谈会并发表重要讲话。他在讲话中指出:"每个时代都有每个时代的精神。文艺是铸造灵魂的工程,文艺工作者是灵魂的工程师。好的文艺作品就应该像蓝天上的阳光、春季里的清风一样,能够启迪思想、温润心灵、陶冶人生,能够扫除颓废萎靡之风。"习近平总书记的这段话深刻地说明了优秀文艺作品的重要作用和价值功能。因此,以正确舆论营造良好的道德环境,优秀文艺作品必不可少。文以载道,文以传情,文以植德。

1. 坚持以人民为中心的创作导向

"人民是文艺创作的源头活水,一旦离开人民,文艺就会变成无根的浮萍、无病的呻吟、无魂的躯壳。能不能搞出优秀作品,最根本的决定于是否能为人民抒写、为人民抒情、为人民抒怀。要虚心向人民学习、向生活学习,从人民的伟大实践和丰富多彩的生活中汲取营养,不断进行生活和艺术的积累,不断进行美的发现和美的创造。要始终把人民的冷暖、人民的幸福放在心中,把人民的喜怒哀乐倾注在自己的笔端,讴歌奋斗人生,刻画最美人物,坚定人们对美好生活的憧憬和信心。"这是习近平总书记在文艺工作座谈会上的重要讲话中所强调的。

坚持以人民为中心的创作导向，就要把培育和弘扬社会主义核心价值观作为根本任务，推出更多讴歌党、讴歌祖国、讴歌人民、讴歌英雄、讴歌劳动、讴歌奉献的精品力作，润物无声传播真善美，弘扬崇高的道德理想和道德追求。

2. 坚持把社会效益放在首位

以优秀文艺作品陶冶道德情操，还必须坚持把社会效益放在首位，用健康向上的文艺作品温润心灵、启迪心智、引领社会风尚。

习近平总书记在文艺工作座谈会上的重要讲话中指出："追求真善美是文艺的永恒价值。艺术的最高境界就是让人动心，让人们的灵魂经受洗礼，让人们发现自然的美、生活的美、心灵的美。我们要通过文艺作品传递真善美，传递向上向善的价值观，引导人们增强道德判断力和道德荣誉感，向往和追求讲道德、尊道德、守道德的生活。"他还强调："优秀文艺作品反映着一个国家、一个民族的文化创造能力和水平。吸引、引导、启迪人们必须有好的作品，推动中华文化走出去也必须有好的作品。所以，我们必须把创作生产优秀作品作为文艺工作的中心环节，努力创作生产更多传播当代中国价值观念、体现中华文化精神、反映中国人审美追求，思想性、艺术性、观赏性有机统一的优秀作品。"

习近平总书记的这段讲话回答了为什么在文艺创作中要坚持把

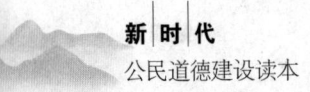

社会效益放在首位的重要问题。

我们强调文艺创作要坚持把社会效益放在首位，但并不否认经济效益。如何处理好社会效益和经济效益的关系？习近平总书记在文艺工作座谈会上的重要讲话中给出了答案。他强调说："一部好的作品，应该是经得起人民评价、专家评价、市场检验的作品，应该是把社会效益放在首位，同时也应该是社会效益和经济效益相统一的作品。在发展社会主义市场经济的条件下，许多文化产品要通过市场实现价值，当然不能完全不考虑经济效益。然而，同社会效益相比，经济效益是第二位的，当两个效益、两种价值发生矛盾时，经济效益要服从社会效益，市场价值要服从社会价值。文艺不能当市场的奴隶，不要沾满了铜臭气。优秀的文艺作品，最好是既能在思想上、艺术上取得成功，又能在市场上受到欢迎。要坚守文艺的审美理想、保持文艺的独立价值，合理设置反映市场接受程度的发行量、收视率、点击率、票房收入等量化指标，既不能忽视和否定这些指标，又不能把这些指标绝对化，被市场牵着鼻子走。"

3. 文艺工作者要把崇德尚艺作为一生的功课

文艺工作者是灵魂的工程师。习近平总书记在文艺工作座谈会上的重要讲话中要求广大的文艺工作者，要高扬社会主义核心价值观的旗帜，把社会主义核心价值观生动活泼、活灵活现地体现在文艺创作之中，用栩栩如生的作品形象告诉人们什么是应该肯定和赞扬的，什么是必须反对和否定的，做到春风化雨、润物无声。要把爱国主义作为文艺创作的主旋律，引导人民树立和坚持正确的历史观、民族观、国家观、文化观，增强做中国人的骨气和底气。

他期望文艺工作者"要自觉坚守艺术理想，不断提高学养、涵养、修养，加强思想积累、知识储备、文化修养、艺术训练，努力做到'笼天地于形内，挫万物于笔端'。除了要有好的专业素养之外，还要有高尚的人格修为，有'铁肩担道义'的社会责任感。在发展社会主义市场经济条件下，还要处理好义利关系，认真严肃地考虑作品的社会效果，讲品位，重艺德，为历史存正气，为世人弘美德，为自身留清名，努力以高尚的职业操守、良好的社会形象、文质兼美的优秀作品赢得人民喜爱和欢迎。"

总而言之，文艺工作者要把崇德尚艺作为一生的功课，把为人、做事、从艺统一起来，加强思想积累、知识储备、艺术训练，提高学养、涵养、修养，努力追求真才学、好德行、高品位，做到德艺双馨。

六、抓好重点群体的教育引导

公民道德建设既要面向全体社会成员开展，也要聚焦重点、抓住关键，抓好重点群体的教育引导。

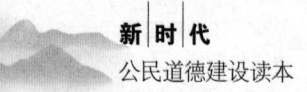

1. 抓住"关键少数"

公民道德建设的着重点,是党员干部的道德操守。党员干部的道德操守直接影响着全社会的道德风尚,直接关系到整个社会道德水平的高低。

抓住"关键少数",重点是要加强领导干部的从政道德建设。从政道德既不同于一般社会道德,也不同于职业道德,其在本质上是一种政治道德,即人们所说的"官德"。在整个社会道德体系中,从政道德居于最高层次,处于核心地位,代表着整个社会道德的先进水平和前进方向,对其他方面的道德建设有着直接而广泛的影响。

领导干部除了要遵守所有社会成员都应遵守的社会公德、职业道德和家庭美德外,还应有更高的要求,就是要切实履行共产主义、集体主义和全心全意为人民服务的基本道德原则。

第一,以全心全意为人民服务为核心。所谓核心是指一个事物或现象最主要的部分,它居于一个事物或现象的中心,体现着该事物或现象的本质,是该事物或现象的灵魂和统帅。一个领导干部工作勤勤恳恳、兢兢业业,在社会上举止文明、尊重他人,在家庭里尊老爱幼、夫妻相亲相爱,这就是讲道德,是应该做到的,是领导干部讲道德的组成部分。但是,它们并不是领导干部从政道德的核心。领导干部从政道德的核心,也就是说自始至终统率着领导干

第四章

深化道德教育引导

部从政道德的指导思想，是全心全意为人民服务。党除了代表最广大人民的根本利益之外，没有自己的特殊利益。党的一切工作，必须以最广大人民的根本利益为最高标准。中国共产党是中国各族人民利益的忠实代表。忠实地代表人民的利益，一切从人民的利益出发，全心全意为人民服务，是中国共产党的根本立场和唯一宗旨，也是我们党区别于其他政党的显著标志。忠实地代表最广大人民的根本利益，体现了我们党的根本立场和宗旨，是党的全部工作和全部活动的出发点。毛泽东同志曾经指出："全心全意为人民服务，一刻也不能脱离群众；一切从人民的利益出发，而不是从个人和小集团的利益出发；向人民负责和向党的领导机关负责的一致性。这些就是我们的出发点。"

第二，领导干部要自觉履行共产主义道德。共产主义道德是人类历史上最伟大、最进步、最高尚的道德，是人类道德发展的最高阶段。它继承了人类历史上一切优秀的道德传统，直接从无产阶级的利益要求中引申出来，最终满足全人类的利益要求。在社会主义的新时代，共产主义道德既是一种现实的道德规范，又是人们孜孜以求的道德理想。

如果说，共产主义道德对社会一般成员还是一个倡导的问题的话，对领导干部来说，就是一个必须切实履行、自觉遵守的问题。领导干部由于在人员构成、工作性质和社会影响等方面所具有的特殊性，无疑是属于必须用共产主义思想道德要求的先进分子。

第三,要带头弘扬集体主义道德原则。集体主义是在社会主义市场经济条件下引导人们正确对待和处理个人、集体和国家三者利益关系的基本原则。集体主义的基本点在于集体利益高于个人利益,这为调节人与人之间、个人与社会之间的关系提供了最高的道德标准。集体主义是无产阶级根本利益的反映,是社会进步的本质要求,它作用于人们的一切活动和社会生活的方方面面,贯穿于共产主义道德发展的始终,统率着共产主义道德的一切规范和范畴,因而是共产主义道德的基本原则。集体主义是领导干部从政道德的基本原则。

作为领导干部,履行集体主义道德原则,最根本的是要正确处理国家、集体、个人三者间的利益关系。共产主义道德在利益关系上追求集体利益与个人利益和谐发展,同时强调集体利益高于个人利益。这正是集体主义道德原则的内在要求,是我们在社会主义条件下正确处理国家、集体、个人三者利益关系的准绳。

第四,领导干部从政道德建设的重点是反腐倡廉。当前,在干部的道德建设中尤其要加强反腐倡廉教育和廉政文化教育。2013年4月19日习近平总书记在主持中共中央政治局第五次集体学习上的讲话中指出:"要牢记'蠹众木折,隙大而墙坏'的道理,保持惩治腐败的高压态势,做到有案必查、有腐必惩,坚持'老虎'、'苍蝇'一起打,切实维护人民合法权益,努力做到干部清正、政府清廉、政治清明。"

"老虎"、"苍蝇"一起打，是以习近平总书记为核心的党中央领导集体反腐倡廉的"宣言书"，表明了中央领导集体反腐倡廉的信心和勇气。

打"老虎"，是因为"老虎"位高权重，杀伤力大、破坏性强、影响力深，一个"老虎"往往就会破坏一个领域、带坏一群干部、误导一大波群众；打"苍蝇"，是因为"苍蝇"虽然官职不大，但他们与群众联系最密切，对群众的伤害最直接，群众对其感触也最深，"苍蝇"长期得不到整治，百姓对党的干部就会失望，就会损害党在群众中良好形象。之所以坚持"老虎"、"苍蝇"一起打，就是要坚持自上自下反腐败，形成上下相互作用，进一步净化社会风气。

总而言之，要落实全面从严治党要求，对领导干部加强理想信念教育，补足精神之钙；促使领导干部加强政德修养，坚持法律红线不可逾越、道德底线不可触碰，在严肃规范的党内政治生活中锤炼党性、改进作风、砥砺品质，践行忠诚老实、公道正派、艰苦奋斗、清正廉洁等品格，正心修身、慎独慎微，严于律己、廉洁齐家，在道德建设中为全社会作出表率。

2. 坚持从娃娃抓起

青少年是国家的希望、民族的未来，公民道德建设，要坚持从娃娃抓起，要在孩子懂事的时候，深入浅出地对他们进行道德启蒙教育；要在孩子成长的过程中，循循善诱，以事明理，引导他们分清是非、辨别善恶。要在家庭中，通过每个成员良好的言行举止，相互影响，共同提高，形成好的家风。

要引导青少年把正确的道德认知、自觉的道德养成、积极的道德实践紧密结合起来，善于从中华民族传统美德中汲取道德滋养，从英雄人物和时代楷模身上感受道德风范，从自身内省中提升道德修为，不断修身立德，打牢道德根基。

全社会都要关心帮助支持青少年成长发展，完善家庭、学校、政府、社会相结合的思想道德教育体系，引导青少年树立远大志向，热爱党、热爱祖国、热爱人民，形成好思想、好品行、好习惯，扣好人生第一粒扣子。

3. 引导社会公众人物承担社会责任

社会公众人物知名度高、影响力大，尤其是在移动互联网时代，社会公众人物的影响力更是不容低估。

社会公众人物粉丝多，公众关注度高，他们的言行很容易被公众关注甚至模仿。因此，对社会公众人物，要加强思想政治引领，引导他们承担社会责任，加强道德修养，注重道德自律，自觉接受社会和舆论监督，树立良好社会形象，当好社会价值的风向标和社会风尚的引领者，并经得起公众在"放大镜"下审示。

除上述六点之外，还要发挥各类阵地道德教育作用。各类阵地是面向广大群众开展道德教育的基本依托。民族团结、科普、国防等教育基地，图书馆、文化馆、博物馆、纪念馆、科技馆、青少年活动中心等公共文化设施，都应该结合各自功能特点有针对性地开展道德教育。用好宣传栏、显示屏、广告牌等户外媒介，营造明德守礼的浓厚氛围。

第五章
推动道德实践养成

美国著名思想家爱默生说过:"没有行动,思想永远不能成熟而化为真理。"加强新时代公民道德建设也是如此,必须付诸行动,因此,要推动道德实践养成。

一、广泛开展弘扬时代新风行动

良好社会风尚是社会文明程度的重要标志，涵育着公民美德善行，推动着社会和谐有序运转。推动道德实践养成，需要广泛开展弘扬时代新风行动，而广泛开展弘扬时代新风行动，需要在以下几方面着力。

1. 设计活动载体，吸引群众参与

广泛开展弘扬时代新风行动，需要精心设计形式多样的活动载体，引导广大公民参与。

要紧密结合社会发展实际，广泛开展文明出行、文明交通、文明旅游、文明就餐、文明观赛等活动，引导人们自觉遵守社会交往、公共场所中的文明规范。着眼完善社会治理、规范社会秩序，推动街道社区、交通设施、医疗场所、景区景点、文体场馆等的精细管理、规范运营，优化公共空间、提升服务水平，为人们增强公共意识、规则意识创造良好环境。

通过活动，使公民在自觉参与中思想感情得到熏陶，思想觉悟得到启发，精神生活得到充实，社会道德意识得到增强，道德境界得到升华。

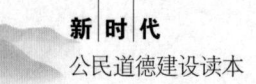

事实证明，有效的活动载体能成功地吸引广大公民的参与热情，对公民道德建设必将产生深刻的影响。

2. 深化群众性创建活动

各类群众性创建活动是人民群众自我教育、自我提高的生动实践。群众性精神文明创建活动要突出道德要求，充实道德内容，将社会公德、职业道德、家庭美德、个人品德建设贯穿创建全过程。"明确具体目标、制定落实措施、力争取得实效。"

文明城市、文明村镇创建要坚持为民利民惠民，突出文明和谐、宜居宜业，不断提升基层社会治理水平和群众文明素质。

文明单位创建要立足行业特色、职业特点，突出涵养职业操守、培育职业精神、树立行业新风，引导从业者精益求精、追求卓越，为社会提供优质产品和服务。

文明家庭创建要聚焦涵育家庭美德，弘扬优良家风。文明校园创建要聚焦立德树人，培养德智体美劳全面发展的社会主义建设者和接班人。

各级党政机关、各行业各系统开展的创建活动，要把公民道德建设摆在更加重要的位置，以扎实有效的创建工作推动全民道德素质提升。

3. 深入推进学雷锋志愿服务

雷锋精神是指以雷锋的无私奉献精神为基本内涵,在实践中不断丰富和发展着的奉献、友爱、互助、进步的志愿精神。

广泛开展弘扬时代新风行动,需要深入推进学雷锋和志愿服务。这是践行社会主义道德的重要途径。因此,要围绕重大活动、扶贫救灾、敬老救孤、恤病助残、法律援助、文化支教、环境保护、健康指导等,广泛开展学雷锋和志愿服务活动,引导人们把学雷锋和志愿服务作为生活方式、生活习惯。推动志愿服务组织发展,完善激励褒奖制度,推进学雷锋志愿服务制度化常态化,使"我为人人、人人为我"蔚然成风。

4. 广泛开展移风易俗行动

摒弃陈规陋习、倡导文明新风是新时代公民道德建设的重要任务。

要围绕实施乡村振兴战略,培育文明乡风、淳朴民风,倡导科学文明生活方式,挖掘创新乡土文化,不断焕发乡村文明新气象。充分发挥村规民约、道德评议会、红白理事会等作用,破除铺张浪费、薄养厚葬、人情攀比等不良习俗。

要提倡科学精神,普及科学知识,抵制迷信和腐朽落后文化,防范极端宗教思想和非法宗教势力渗透。

习近平总书记在党的十九大报告中强调，要"弘扬科学精神，普及科学知识，开展移风易俗、弘扬时代新风行动，抵制腐朽落后文化侵蚀"。当前，在"实施乡村振兴战略"的时代背景下，广泛开展移风易俗行动，打造现代文明的良好乡风，是"乡村振兴战略"总要求的重要抓手。

二、持续推进诚信建设

诚信是社会和谐的基石和重要特征，是社会主义核心价值观的重要内容。自古以来，诚信就被人们视为"为政之本""做人之道""经商之基"。中国共产党继承和发扬了中华民族诚信的优良传统，始终十分重视诚信道德建设，并在领导中国革命、建设新中国和改革开放的过程中，形成了丰富而独特的诚信思想，而且还将这种诚信思想持之以恒地践行。

《纲要》要求，要继承发扬中华民族重信守诺的传统美德，弘扬与社会主义市场经济相适应的诚信理念、诚信文化、契约精神，推动各行业各领域制定诚信公约，加快个人诚信、政务诚信、商务诚信、社会诚信和司法公信建设，构建覆盖全社会的征信体系，健全守信联合激励和失信联合惩戒机制，开展诚信缺失突出问题专项治理，提高全社会诚信水平。重视学术、科研诚信建设，严肃查处违背学术科研诚信要求的行为。深入开展"诚信建设万里行"、"诚信兴商宣传月"等活动,评选发布"诚信之星",宣传推介诚信先进集体,激励人们更好地讲诚实、守信用。

公民诚信建设是一个复杂的社会系统工程,要靠教育让公民自律,也要靠法律、政策和规章制度的他律来保证。党和政府的各级组织必须综合运用各种手段,把提倡与反对、引导与约束结合起来,通过严格科学的管理,培养诚信行为,遏制失信现象。

1. 强化诚信道德教化作用

我国自古以来就有重视道德教化的传统。认为道德教化在维护社会秩序、促进良好社会风尚形成方面具有重要的作用。孔子曾说:"道之以政,齐之以刑,民免而无耻;道之以德,齐之以礼,有耻且格。"(《论语·为政》)

孔子的意思是说,用政法来诱导百姓,使用刑罚来整顿百姓,百姓只是暂时地免于罪过,却没有廉耻之心;如果用道德来诱导他们,使用礼教来整顿他们,百姓不但有廉耻之心,而且人心归服。

罗从彦在《议论要语》中则说:"教化者,朝廷之先务;廉耻者,士人之美节;风俗者,天下之大事。朝廷有教化,则士人有廉耻;士人有廉耻,则天下有风俗。"

在罗从彦看来,用道德来教化百姓,是朝廷的首要任务。朝廷如果能用道德来教化百姓,百姓就会知廉耻;百姓知廉耻,社会的风气就好了。

古人之所以重视道德教化的作用，是因为他们充分认识到了道德的感召力量。卡耐基在《人性的弱点》中，曾讲过这样一个故事：

太阳和风要比试谁的力量大，正好看到路上走着一位穿棉袄的老头。他们便约定谁能把老头的衣服脱下来，谁就算赢。

风首先出场，它猛烈地向老头刮去，结果，它越使劲地刮，老头把棉袄就裹得越紧，风无可奈何地败下阵来。

这时，只见太阳出场了。它用温和阳光照在老头的身上，并不断地加温。老头先是解开了纽扣，但还是耐不住热，最后终于脱下了棉袄。

道德教化的作用就像太阳一样，虽然是"随风潜入夜，润物细无声"，但却能真正作用于人的内心，使人们自觉自愿地按照道德规范的要求去做。

因此，要培养新时代公民的诚信道德品质，就要继续大力进行思想宣传教育。现实社会中，有人由于诚信道德知识缺乏，不知道在社会生活中应该如何遵循诚信道德规范；有的人诚信道德辨别能力差，在新旧道德的冲突中，分辨不清是非道德，迷失了方向，以至于颠倒了善恶、美丑的界限，导致了思想堕落，道德败坏，结果走向犯罪的道路。

因此，我们必须加强对广大公民进行诚信道德知识的教育，提高他们的诚信道德辨别能力，增强他们的诚信道德信念。

2. 突出诚信法规制度的建立健全

诚信建设，除了要重视思想宣传和诚信教育以外，还要突出诚信法规制度的建立健全，因为，制度问题"更带有根本性、全局性、稳定性和长期性"①。"制度好可以使坏人无法任意横行，制度不好可以使好人无法充分做好事，甚至走向反面。"②

这段话是至理名言。虽然我们可以通过思想教育的方式来提升人们的诚信意识，让人们养成诚信的习惯，践行诚信。但仅此是不够的，还必须用他律来促进人们的自律，即要建立健全诚信制度。

2016年12月9日，习近平总书记在中共中央政治局第三十七次集体学习时强调指出："对突出的诚信缺失问题，既要抓紧建立覆盖全社会的征信系统，又要完善守法诚信褒奖机制和违法失信惩戒机制，使人不敢失信、不能失信"。习近平总书记的这段话为我们建立健全诚信制度提供了重要的遵循。

法规制度是实现诚信最经济的手段。在17世纪至18世纪，英国运送犯人到澳洲，规定按上船时犯人的数量给付私营船主费用。因此，私营船主们为了牟取暴利，便不顾犯人的死活，将犯人像沙丁鱼一样塞满船舱。

犯人人数的过多，使得船舱内的环境极为恶劣，许多犯人在中

---

① 邓小平文选（第二卷），北京：人民出版社，1994年，第333页。
② 邓小平文选（第二卷），北京：人民出版社，1994年，第333页。

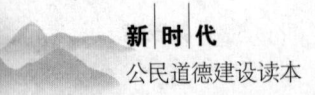

途便命丧黄泉。更为恶劣的是，有的私营船主刚一出海，就将犯人活活扔进海里。

针对这种现状，英国政府制定了一个新的政策。他们规定按照到达澳洲的活着的犯人数量来支付费用。这样一来，私营船主绞尽脑汁、千方百计地让尽可能多的犯人活着到达目的地。结果，后期运往澳洲的犯人的死亡率大幅降低，最低时只有1%，而原来最高时，可达94%。这件事情很好地说明了法规制度是否完善的重要性。

古人云："不以规矩，无以成方圆。"诚信目标的实现，必须有法规制度来保障。要通过立法、执法建立诚信的规范和失信惩罚机制。通过这一机制，诚信建设才能取得根本性成效。

近些年来党中央国务院高度重视诚信建设，党的十八大提出深入开展道德领域突出问题专项教育和治理，加强政务诚信、商务诚信、社会诚信和司法公信建设；党的十八届三中全会强调建立健全社会征信体系，褒扬诚信、惩戒失信。各级政府和有关部门在诚信的法规制度方面也做了大量的工作，并取得了很好的成效。

2014年7月23日，中央文明委发布了《关于推进诚信建设制度化的意见》，明确规定通过曝光失信当事人、限制严重失信者高消费行为等手段打击失信行为。这是我国第一份强调从制度层面推进国家诚信建设的中央文件。

2016年5月，国务院发布《关于建立完善守信联合激励和失信联合惩戒制度加快推进社会诚信建设的指导意见》，建立健全了社会诚信奖惩制度；9月颁发《关于加快推进失信被执行人信用监督、警示和惩戒机制建设的意见》，进一步完善了失信惩戒制度。

值得关注的是，2016年12月国务院印发了《关于加强政务诚信建设的指导意见》（以下简称《意见》）。《意见》要求，要探索构建广泛有效的政务诚信监督体系。建立政务诚信专项督导机制，实施政务诚信考核评价。建立横向监督机制，各级人民政府要依法接受同级人大及其常委会的监督，接受人民政协的民主监督。建立社会监督和第三方机构评估机制，实施区域政务诚信大数据监测预警。

《意见》的印发为加强政务诚信建设，充分发挥政府在社会信用体系建设中的表率作用，进一步提升政府公信力，推进国家治理体系和治理能力现代化，提供了重要的路径。

2018年5月，中共中央办公厅、国务院办公厅印发了《关于进一步加强科研诚信建设的若干意见》（以下简称《意见》）。《意见》要求，要"全面贯彻党的十九大和十九届二中、三中全会精神，以习近平新时代中国特色社会主义思想为指导，落实党中央、国务院关于社会信用体系建设的总体要求，以优化科技创新环境为目标，以推进科研诚信建设制度化为重点，以健全完善科研诚信工作机制为保障，坚持预防与惩治并举，坚持自律与监督并重，坚持无禁区、全覆盖、零容忍，严肃查处违背科研诚信要求的行为，着力打造共建共享共治的科研诚信建设新格局,营造诚实守信、追求真理、崇尚创新、鼓励探索、勇攀高峰的良好氛围,为建设世界科技强国奠定坚实的社会文化基础。"

该《意见》的印发为加强科研诚信建设、营造诚实守信的良好科研环境,提供了重要的指导。

2019年7月,国务院办公厅印发了《关于加快推进社会信用体系建设,构建以信用为基础的新型监管机制的指导意见》(以下简称《意见》),《意见》要求:"以习近平新时代中国特色社会主义思想为指导,深入贯彻落实党的十九大和十九届二中、三中全会精神,按照依法依规、改革创新、协同共治的基本原则,以加强信用监管为着力点,创新监管理念、监管制度和监管方式,建立健全贯穿市场主体全生命周期,衔接事前、事中、事后全监管环节的新型监管机制,不断提升监管能力和水平,进一步规范市场秩序,优化营商环境,推动高质量发展"。

该《意见》的印发为加强社会信用体系建设,深入推进"放管服"改革,进一步发挥信用在创新监管机制、提高监管能力和水平方面的基础性作用,更好激发市场主体活力,推动高质量发展,提供了有益的措施保障。

3. 加快建立完善的社会信用体系

社会信用体系建设是一项覆盖全社会的诚信系统工程。建设社

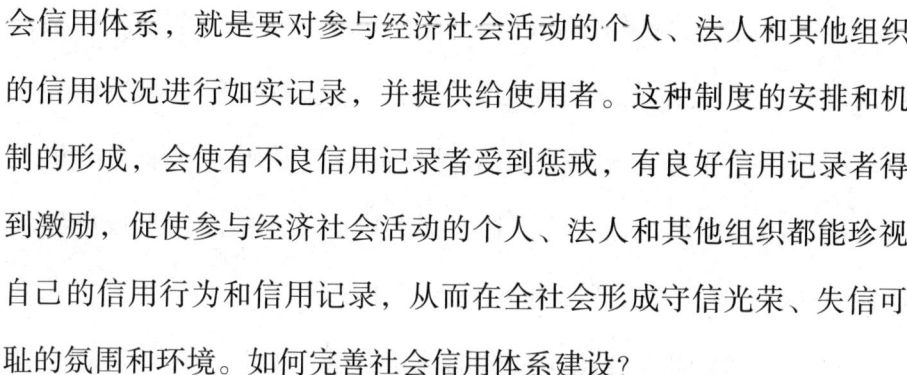

会信用体系，就是要对参与经济社会活动的个人、法人和其他组织的信用状况进行如实记录，并提供给使用者。这种制度的安排和机制的形成，会使有不良信用记录者受到惩戒，有良好信用记录者得到激励，促使参与经济社会活动的个人、法人和其他组织都能珍视自己的信用行为和信用记录，从而在全社会形成守信光荣、失信可耻的氛围和环境。如何完善社会信用体系建设？

第一，制定和推广信用信息标准和信用信息主体信用号码。为社会广泛认可的信用信息标准和信息主体信用号码是实现信息跨部门、跨地区流动的前提。因此，要积极推进建立自然人、法人和其他组织统一社会信用代码制度，依法收集、整合区域内公民、法人和其他组织的信用信息，完善信用信息基础数据库，逐步实现信息采集全覆盖。完善信用标准体系，制定全国统一的信用信息采集和分类管理标准，统一信用指标目录和建设规范。健全行业信用信息记录制度，以各类企业和从业人员为重点，把信用信息采集融入注册登记、资质审核、日常监管各环节，尽快完善工商、税务、安全生产、产品质量、环境保护、食品药品、医疗卫生、知识产权、工程建设、交通运输、检验检测等事关人民群众日常生产生活重点领域的信用档案。加快国家统一征信平台建设，尽快建成集合金融、工商登记、税收缴纳、社保缴费、交通违章等信用信息的统一平台，形成覆盖全部社会主体、所有信用信息类别、全国所有区域的信用信息网络。

第二，建设完善信用基础数据库。建立完善的社会信用体系，必须以建立个人、法人和其他组织信用信息基础数据库为核心环节。要按信用信息标准和信用信息主体信用号码，记录并归集个人、法人和其他组织在经济、社会活动中的信用状况，形成准确和比较完整的个人、法人和其他组织的信用记录。

第三，建立健全覆盖全社会的征信系统。2011年10月19日召开的国务院常务会议提出，"把诚信建设摆在突出位置，大力推进政务诚信、商务诚信、社会诚信和司法公信建设，抓紧建立健全覆盖全社会的征信系统，加大对失信行为惩戒力度，在全社会广泛形成守信光荣、失信可耻的氛围"。

征信是评价信用的工具，是指通过对个人、法人和其他组织的历史信用记录，以及构成其资质、品质的各要素、状态、行为等综合信息进行测算、分析、研究，借以判断其当前信用状态，判断其是否具有履行信用责任能力所进行的评价估算活动。

第四，建立健全社会信用信息管理制度。信用信息的管理包括两个方面：一是信息安全的管理，二是信息主体权益的保护。

信息安全的管理。应当建立健全技术保障体系，依法保护个人隐私、商业秘密。建立信息查询内部分级管理制度，在信用信息收集、整理、保存和使用过程中确保信用信息不泄露。

信息主体权益的保护。信用信息不仅关乎信息主体的隐私权、名誉权等基本人格权，也关系到信息主体在社会资源分配过程中获取份额的大小。因此，在征信实践中既要能客观公平公正地评价个人、法人和其他组织的信用状况，又要能保护信息主体合法权益不受侵害。

第五，建立健全信用法律和制度。对于信用行为的促进和保障必须以法律和相关制度为基础。改革开放以来，我国信用法律法规体系逐步建立。《民法通则》《合同法》等多部法律对经济主体交易的诚信行为进行了规范；《政府信息公开条例》等的颁布，使信息公开在一定程度上得以规范；各部门、各地方相继颁布了一些行业信用和地方信用建设的规章制度。尽管如此，"信用法律制度建设与社会信用体系建设的要求依然有着较大的差距，主要表现为尚未制定专门的法律，全面规范信用信息的公开和使用、信息主体的权益保护等；公开的信用信息与非公开的信用信息区分及使用缺乏法律依据；相关部门及地方规章建设水平不一，有的还相对滞后"。[1]因此，需要建立健全相关的信用法律和制度，来保障信用行为的实现。

三、运用有效的路径推动道德实践养成

推动道德实践养成，不仅要广泛开展弘扬时代新风行动、持续

---

[1] 杜金富：《社会信用体系建设的若干思考》，《中国金融》，2012年。

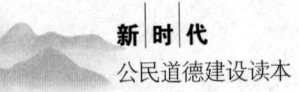

推进诚信建设,还应该充分发挥礼仪礼节的教化作用,积极践行绿色生产生活方式,在对外交流交往中展示文明素养。

1. 充分发挥礼仪礼节的教化作用

我国自古以来就有礼仪之邦的美誉,而且古人还高度评价"礼"的作用,将"礼"置于立身安邦的高度来认识。古人云:"人有礼则安,无礼则危";"国尚礼则国昌,家尚礼则家大,身有礼则身修,心有礼则心泰"。古人认为"礼"能使国家昌盛,家庭兴旺,自身行为美好,心绪安宁。

当然,古人的"礼"具有时代的局限性,与我们现在所说的礼仪礼节有着本质的不同,但其尊重人、对人谦逊恭敬的精髓,还是值得我们继承与发扬的。

礼仪礼节是道德素养的体现,也是道德实践的载体。《纲要》强调:"要制定国家礼仪规程,完善党和国家功勋荣誉表彰制度,规范开展升国旗、奏唱国歌、入党入团入队等仪式,强化仪式感、参与感、现代感,增强人们对党和国家、对组织集体的认同感和归属感。充分利用重要传统节日、重大节庆和纪念日,组织开展群众性主题实践活动,丰富道德体验、增进道德情感。研究制定继承中华优秀传统、适应现代文明要求的社会礼仪、服装服饰、文明用语规范,引导人们重礼节、讲礼貌。"

2. 积极践行绿色生产生活方式

绿色发展、生态道德是现代文明的重要标志，是美好生活的基础、人民群众的期盼。

习近平总书记在十九大报告中要求，要推进绿色发展，倡导简约适度、绿色低碳的生活方式，反对奢侈浪费和不合理消费，开展创建节约型机关、绿色家庭、绿色学校、绿色社区和绿色出行等行动。

为此，要引导人们树立尊重自然、顺应自然、保护自然的理念，树立绿水青山就是金山银山的理念，增强节约意识、环保意识和生态意识。

要开展创建节约型机关、绿色家庭、绿色学校、绿色社区、绿色出行和垃圾分类等行动，倡导简约适度、绿色低碳的生活方式，拒绝奢华和浪费，引导人们做生态环境的保护者、建设者。

3. 在对外交流交往中展示文明素养

公民道德风貌关系着国家形象。改革开放以来，中国逐渐融入国际社会中，中国公民也快步走出国门。中国公民走出国门的过程，也是向世界展示国家形象的过程。《纲要》明确指出："公民道德风貌关系国家形象。"

因此，中国公民需要在对外交流交往中展示文明素养，以维护

和展示国家的良好形象。

这就需要加强文明宣传教育，引导中国公民在境外旅游、求学、经商、探亲中，尊重当地法律法规和文化习俗，展现中华美德，维护国家荣誉和利益。

这就需要培育健康理性的国民心态，引导人们在各种国际场合、涉外活动和交流交往中，树立自尊自信、开放包容、积极向上的良好形象。

第六章

抓好网络空间道德建设

科技的进步，催生了新媒体。新媒体的崛起，尤其是网络媒体的发达，使信息的自由流通达到前所未有的地步。数字化时代的来临，把人类带进了全天候的新闻世界里。全天候的新闻世界给新时代公民道德建设带来了前所未有的挑战。要应对好这种挑战，就需要抓好网络空间道德建设。

一、加强网络内容建设

网络信息内容广泛地影响着人们的思想观念和道德行为。因此，抓好网络空间道德建设，首先就要加强网络内容建设。

1. 弘扬主旋律，激发正能量

2016年4月19日，习近平总书记主持召开网络安全和信息化工作座谈会并发表重要讲话。他在讲话中指出："网络空间是亿万民众共同的精神家园。网络空间天朗气清、生态良好，符合人民利益。网络空间乌烟瘴气、生态恶化，不符合人民利益。"强调要"建设网络良好生态，发挥网络引导舆论、反映民意的作用"。这为我们加强新时代网络内容建设指明了正确的方向，提供了根本的遵循。

深入实施网络内容建设工程，要弘扬主旋律，激发正能量，让科学理论、正确舆论、优秀文化充盈网络空间。

2014年10月15日，习近平总书记在文艺工作座谈会上的讲话中指出："互联网技术和新媒体改变了文艺形态，催生了一大批新的文艺类型，也带来文艺观念和文艺实践的深刻变化。由于文字数码化、书籍图像化、阅读网络化等发展，文艺乃至社会文化面临着重大变革。要适应形势发展，抓好网络文艺创作生产，加强正面引导力度。近些年来，民营文化工作室、民营文化经纪机构、网络文艺社群等新的文艺组织大量涌现，网络作家、签约作家、自由撰稿人、独立制片人、独立演员歌手、自由美术工作者等新的文艺群体十分活跃。这些人中很有可能产生文艺名家，古今中外很多文艺名家都是从社会和人民中产生的。我们要扩大工作覆盖面，延伸联系手臂，用全新的眼光看待他们，用全新的政策和方法团结、吸引他们，引导他们成为繁荣社会主义文艺的有生力量。"

习近平总书记的这段讲话为如何弘扬主旋律，激发正能量，让科学理论、正确舆论、优秀文化充盈网络空间，指明了正确的路径。

2. 发展积极向上的网络文化

网络文化，是以网络信息技术为基础、在网络空间形成的文化活动、文化方式、文化产品、文化观念等的统称。它实际上是现实社会文化在网络上的延伸和展现。

随着各类网站的迅猛发展，网络文化呈现出多样化的特征。多样化的网络文化良莠不齐，这就需要采取有效的措施发展积极向上的网络文化。

2011年10月18日，中国共产党第十七届中央委员会第六次全体会议通过了《中共中央关于深化文化体制改革推动社会主义文化大发展大繁荣若干重大问题的决定》（以下简称《决定》）。《决定》专门提出了要"发展健康向上的网络文化"的命题。《决定》

指出"加强网上思想文化阵地建设,是社会主义文化建设的迫切任务"。

发展积极向上的网络文化,就要引导互联网企业和网民创作生产传播格调健康的网络文学、网络音乐、网络表演、网络电影、网络剧、网络音视频、网络动漫、网络游戏等。

3. 让正确道德取向成为网络空间的主流

加强网络内容建设,还要加强网上热点话题和突发事件的正确引导、有效引导,明辨是非、分清善恶,让正确道德取向成为网络空间的主流。

2016年4月19日,习近平总书记在网络安全和信息化工作座谈会上的讲话中指出:"我们要本着对社会负责、对人民负责的态度,依法加强网络空间治理,加强网络内容建设,做强网上正面宣传,培育积极健康、向上向善的网络文化,用社会主义核心价值观和人类优秀文明成果滋养人心、滋养社会,做到正能量充沛、主旋律高昂,为广大网民特别是青少年营造一个风清气正的网络空间。"

习近平总书记的这段讲话指明了让正确道德取向成为网络空间主流的重要性和价值功能。

二、培养文明自律网络行为

网上行为主体的文明自律是网络空间道德建设的基础。因此，抓好网络空间道德建设，必须培养网上行为主体的文明自律行为。

1. 要建立和完善网络行为规范

网络行为是公民言行的重要组成部分，培养网上行为主体的文明自律行为，需要建立和完善网络行为规范。

2017年中共中央宣传部、中共中央组织部、中央网信办联合印发了《关于规范党员干部网络行为的意见》（以下简称《意见》），该《意见》共六条要求：

一、党员干部在网络上要严守政治纪律和政治规矩。必须牢固树立政治意识、大局意识、核心意识、看齐意识，坚决维护党中央权威，在思想上政治上行动上始终同以习近平同志为核心的党中央保持高度一致。严格遵守党规党纪，模范遵守国家法律法规，在网络行为中坚持正确政治方向，自觉宣传党的理论和路线方针政策，积极践行社会主义核心价值观，传播正能量、弘扬主旋律，共筑网上网下同心圆。

二、党员干部不准参与以下网络传播行为：发表违背党的基本路线，否定四项基本原则，歪曲党的政策，或者其他有严重政治问题的文章、演说、宣言、声明等；妄议中央大政方针，破坏党的集中统一；丑化党和国家形象，诋毁、污蔑党和国家领导人，歪曲党史、国史、军史，抹黑革命先烈和英雄模范；制造、传播各类谣言特别是政治类谣言，散布所谓"内部"消息和小道消息；出版、购买、传播非法出版物；宣扬封建迷信、淫秽色情；制作、传播其他有严重问题的文章、言论、音视频等信息内容。

三、党员干部不得参加以下网络活动：组织、参加反对党的理论和路线方针政策的网络论坛、群组、直播等活动；通过网络组党结社，参与和动员不法串联、联署、集会等网上非法组织、非法活动；参与网上宗教活动、邪教活动，纵容和支持宗教极端势力、民族分裂势力、暴力恐怖势力极其活动；利用网络泄露党和国家秘密；浏览、访问非法和反动网站等。

四、严格规范党员干部在网络平台以职务身份注册账号行为。党员干部以职务身份在微博、微信、网络直播、论坛社区等境内外网络平台上注册账号、建立群组的，应当向所在党组织报告。

五、党员干部应当履行举报监督的义务。发现网上违法违规信息、活动的，及时主动向有关部门、网络平台等举报，积极提供线索，协助有关方面处置。

六、切实加强对党员干部的网络行为的教育、引导和管理。各级党组织要认真贯彻落实《党委（党组）意识形态工作责任制实施办法》以及《党委（党组）形态工作责任制实施细则》。对在网络活动中以身作则、表现突出的党员干部，要充分肯定、热情鼓励；对坚持正确立场、传播正能量而遭到围攻的党员干部，要旗帜鲜明地给予保护和支持；对党员干部违法本意见规定的，要依据党纪和国家法规进行严肃查处。

《意见》的发布，对规范党员干部网络行为起到了很好的示范作用，能有效地促进形成健康向上、风清气正的网络环境。

2. 倡导文明办网

培养网上行为主体的文明自律行为，还要倡导文明办网，推动互联网企业自觉履行主体责任、主动承担社会责任，依法依规经营，加强网络从业人员教育培训，坚决打击网上有害信息传播行为，依法规范管理传播渠道。

2016年4月19日，习近平总书记主持召开网络安全和信息化工作座谈会并发表重要讲话，他在讲话中指出，办网站的不能一味追求点击率，开网店的要防范假冒伪劣，做社交平台的不能成为谣言扩散器，做搜索的不能仅以给钱的多少作为排位的标准。

习近平总书记的这段讲话实际上是针对现实问题而言的。有的网站和信息平台为了提高流量和"赚眼球"，发布一些有违社会伦理、公序良俗的不良内容，这类毒害人们心灵的文化垃圾；有的搜索平台谁给钱多谁排名靠前。这种做法是不符合文明办网要求的。

3. 倡导文明上网

培养网上行为主体的文明自律行为，不仅要倡导文明办网，还要倡导文明上网，广泛开展争做中国好网民活动，推进网民网络素养教育，引导广大网民尊德守法、文明互动、理性表达，远离不良网站，防止网络沉迷，自觉维护良好网络秩序，从而形成良好的网上舆论氛围。

形成良好的网上舆论氛围，不是说网上只能有一个声音、一个调子，而是说不能在网上搬弄是非、颠倒黑白、造谣生事、违法犯罪，不能超越了宪法法律的界限。

三、丰富网上道德实践

互联网是一把双刃剑，利用得好就会成为取之不尽用之不竭的宝藏，管得不好就可能成为潘多拉魔盒。因此，要努力搞好新时代网络舆论生态建设，让互联网成为道德实践新的空间、新的载体。

1. 要积极培育和引导互联网公益力量

丰富网上道德实践，必须积极培育和引导互联网公益力量，壮大网络公益队伍，形成线上线下踊跃参与公益事业的生动局面；必须加强网络公益宣传，引导人们随时、随地、随手做公益，推动形

成关爱他人、奉献社会的良好风尚。

2016年4月19日,习近平总书记在网络安全和信息化工作座谈会上的讲话中强调,"得人者兴,失人者崩。"网络空间的竞争,归根结底是人才竞争。建设网络强国,没有一支优秀的人才队伍,没有人才创造力迸发、活力涌流,是难以成功的。念好了人才经,才能事半功倍。对我国来说,改革开放初期,资本比较稀缺,所以我们出台了很多鼓励引进资本的政策,比如"两免三减半"。现在,资本已经不那么稀缺了,但人才特别是高端人才依然稀缺。我们的脑子要转过弯来,既要重视资本,更要重视人才,引进人才力度要进一步加大,人才体制机制改革步子要进一步迈开。网信领域可以先行先试,抓紧调研,制定吸引人才、培养人才、留住人才的办法。

积极培育和引导互联网公益力量,壮大网络公益队伍,必须集聚公益人才。

2. 拓展"互联网+"模式

在丰富网上道德实践中拓展"互联网+"模式,主要是拓展"互联网+公益"和"互联网+慈善"模式,这是借助移动互联网技术来拓展公益和慈善的空间。

借助移动互联网技术来拓展公益和慈善的空间,大有可为。"今日头条与清华大学公共管理学院创新与社会责任研究中心联合发布公益阅读报告,报告公布了2017十大公益事件,其中一半与互联网有关。这十大公益事件分别是'善心汇'事件、'人人公益'消费返利调查、《中华人民共和国境外非政府组织境内活动管理法》颁布、阿里巴巴95公益周、腾讯99公益日、美的创始人何享健捐60亿、头条寻人启动两岸寻亲项目、'同一天生日'风波、今日头条上线'捐时间'公益平台等。值得关注的是，2017年互联网公益表现抢眼，其未来发展值得期待。如阿里巴巴发起的95公益慈善周，腾讯发起的'99公益慈善日'和在微信朋友圈发起的公益慈善活动，均筹得大量善款，并引起高度关注。"[1]

互联网正在让公益、慈善大众化，使更多普通人拥有参与感和成就感。"互联网+公益""互联网+慈善"的方向，是建立一个互助型社会，实现"一人有难，万人支援"。

2019年4月19日的中青评论一篇题为《互联网让慈善不只是"富人的事情"》报道指出，2019年4月17日，公益圈被一个数字刷了屏：300亿。这是阿里平台的总捐款笔数，创下了单个平台捐款笔数的世界纪录。对此，有网友表示："这是我们一分钱一分钱捐出来的，这是我们每个人的世界纪录。"

300亿笔捐款，相当于平均每个中国人捐过23笔善款。据统计，1分钟内最高捐款可达20万笔。这种点滴爱心汇成海洋的时代魅力，值得每一个参与者骄傲。

---

[1] 张明敏：《头条年度十大公益事件发布：互联网公益占一半》，《公益时报》，2018年2月1日。

"互联网+"模式的网络公益、网络慈善活动,激发了全社会热心公益、参与慈善的热情。

3. 加强网络公益规范化运行和管理

网络公益、网络慈善活动充分发挥了互联网信息技术的红利,突破了传统募捐的时空限制,激发了全社会热心公益、参与慈善的热情,拉近了求助者和捐助者的距离,及时有效地为一批需要救助者排忧解难,据媒体报道,2018年上半年,民政部指定的第一批互联网公开募捐信息平台为全国992家公募慈善组织发布1.1万余条募捐信息,为慈善组织开通的在线筹款功能筹款总额超9.8亿元。

虽然网络公益、网络慈善活动如火如荼,但不容忽视的短板也让不少网友担心:众筹项目存猫腻,假求助真骗钱;审核机制现漏洞,潜规则暗操作;违规平台无资质,"山寨"募捐花招多。

2018年12月30日何小鱼在《慈善公益报》上撰文说:"一些不法分子在互联网上打着'互助投资''慈善''互助、互爱、互赢'等慈善公益口号,以高额利息诱使投资者投资,鼓励人们继续发展下线。这类表面是慈善活动,本质是传销组织的情况一出现,相关部委就发出了警示,向群众提示它的风险。"①

---

① 何小鱼:《2018年度中国慈善公益观察·网络慈善》,《慈善公益报》,2018年12月30日。

由此可见，加强网络公益规范化运行和管理，完善相关法规制度，促进网络公益健康有序发展刻不容缓。

四、营造良好网络道德环境

加强互联网管理，正能量是总要求，管得住是硬道理，用得好是真本事。管住互联网、用好互联网，一个重要的目的就是要营造良好的网络道德环境。

1. 树立正确的网络安全观

营造良好的网络道德环境，首先要树立正确的网络安全观。

2016年4月19日，习近平总书记在网络安全和信息化工作座谈会上的讲话中指出："网络安全和信息化是相辅相成的。安全是发展的前提，发展是安全的保障，安全和发展要同步推进。"他要求："加快构建关键信息基础设施安全保障体系，全天候全方位感知网络安全态势，增强网络安全防御能力和威慑能力。"

网络安全事关经济社会的发展，国家长治久安和人民群众利益的福祉。我们应当根据十九大报告的要求，坚持总体国家安全观，树立正确的网络安全观，加快推进我国网络安全产业高质量发展，有效支撑网络空间安全保障网络。

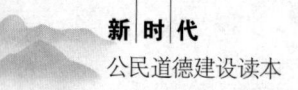

2. 严格依法管网治网

2016年4月19日，习近平总书记在网络安全和信息化工作座谈会上的讲话中强调指出："网络空间是亿万民众共同的精神家园。网络空间天朗气清、生态良好，符合人民利益。网络空间乌烟瘴气、生态恶化，不符合人民利益。我们要本着对社会负责、对人民负责的态度，依法加强网络空间治理，加强网络内容建设，做强网上正面宣传，培育积极健康、向上向善的网络文化，用社会主义核心价值观和人类优秀文明成果滋养人心、滋养社会，做到正能量充沛、主旋律高昂，为广大网民特别是青少年营造一个风清气正的网络空间。"

营造良好的网络道德环境，还必须严格依法管网治网，加强互联网领域立法执法，强化网络综合治理，加强网络社交平台、各类公众账号等管理，重视个人信息安全，建立完善新技术新应用道德评估制度，维护网络道德秩序。

3. 依法惩治网络违法犯罪

由全国人民代表大会常务委员会于2016年11月7日发布，自2017年6月1日起施行的《中华人民共和国网络安全法》第十二条规定："任何个人和组织使用网络应当遵守宪法法律，遵守公共秩序，尊重社会公德，不得危害网络安全，不得利用网络从事危害国家安全、荣誉和利益，煽动颠覆国家政权、推翻社会主义制度，煽动分裂国家、破坏国家统一，宣扬恐怖主义、极端主义，宣扬民族仇恨、民族歧视，传播暴力、淫秽色情信息，编造、传播虚假信息扰乱经济秩序和社会秩序，以及侵害他人名誉、隐私、知识产权和其他合法权益等活动。"第四十六条规定："任何个人和组织应当对其使用网络的行为负责，不得设立用于实施诈骗，传授犯罪方法，制作或者销售违禁物品、管制物品等违法犯罪活动的网站、通讯群组，不得利用网络发布涉及实施诈骗，制作或者销售违禁物品、管制物品以及其他违法犯罪活动的信息。"

随着互联网的普及和快速发展，网络违法犯罪行为也日渐凸显，因此，要营造一个风清气正的网络空间，必须开展网络治理专项行动，加大对网上突出问题的整治力度，清理网络欺诈、造谣、诽谤、谩骂、歧视、色情、低俗等内容，反对网络暴力行为，依法惩治网络违法犯罪，促进网络空间日益清朗。

第七章

发挥法律制度保障作用

> 法律与道德都属于社会的上层建筑，都是调整人与人之间相互关系的最重要的行为规范。但是法律具有强制性。它是国家制订的，并通过执法机关强制执行的规范。加强新时代公民道德建设，还必须发挥法律制度的保障作用，这样才能具有稳定性、长期性。

第七章
发挥法律制度保障作用

一、强化法律法规保障

法律是成文的道德，道德是内心的法律。要发挥法律制度对道德建设的保障和促进作用，把道德导向贯穿法治建设全过程，立法、执法、司法、守法各环节都要体现社会主义道德要求。

1. 把道德规范转化为法律形态、转化为制度规定

建立和完善有关法律法规和制度，能有效地促进道德规范的内化。

道德的内化，总是要经过一个从他律到自律的过程。因此，逐步把道德要求融于有关法律法规之中，把公民道德建设融于科学有效的社会管理之中，推进道德规范的法规、制度化，用法律、制度保护美好、高尚的道德，打击不道德的行为，这无疑是在社会主义市场经济条件下强化道德他律、促进道德自律的重要一环。

把道德规范转化为法律形态、转化为制度规定，不仅在国外有着成功的先例，在我国也早已实践，而且取得了很好的效果。如《中华人民共和国宪法》早就已经将社会主义道德的主要内容吸收了进去，使得许多具体的道德规范通过立法程序转变为法律规范。再如一些文明城市、文明村镇、文明单位等，也将许多具体的道

德规范转化为各项管理制度和规章。应该说，这方面的工作是卓有成效的。但尽管如此，还不能满足构建社会主义思想道德体系的需要，因此，必须继续加强道德立法和制度建立工作，"逐步完善道德教育与社会管理、自律与他律相互补充和促进的运行机制，综合运用教育、法律、行政、舆论等手段，更有效地引导人们的思想，规范人们的行为"。

在社会生活的实践中产生的道德要求，需要有法律约束，没有法律约束的道德就会宽松随意、放意肆志、约束乏力。因此，需要及时把实践中广泛认同、较为成熟、操作性强的道德要求转化为法律规范，推动社会诚信、见义勇为、志愿服务、勤劳节俭、孝老爱亲、保护生态等方面的立法工作。

新时代公民道德建设是一个复杂的社会系统工程，要靠教育，也要靠法律、政策和规章制度的约束。

2. 以法治的力量维护道德、凝聚人心

强化法律法规保障，就要坚持严格执法，加大关系到群众切身利益重点领域的执法力度，以法治的力量维护道德、凝聚人心。

要坚持公正司法，发挥司法裁判定分止争、惩恶扬善功能，定期发布道德领域典型指导性司法案例，让人们从中感受到公平正义。"努力让人民群众在每一个司法案件中都感受到公平正义。"这句话是习近平总书记在十八大以后多次强调的。

3. 推进全民守法普法

强化法律法规保障，还要推进全民守法普法，加强社会主义法治文化建设，营造全社会讲法治、重道德的良好环境，引导人们增强法治意识、坚守道德底线。

第一，对宪法法律要怀有敬畏尊崇之心。只有内心敬畏尊崇宪法法律，行为才能遵守宪法法律。

敬畏尊崇宪法法律，是公民最基本的素养。公民有了这种基本的素养，才能依法办事，才能不逾越宪法法律的底线，在宪法和法律的框架内活动。否则，就会视宪法法律为儿戏，凌驾于宪法和法律之上。辽宁省原副省长、沈阳市市长慕绥新就曾经狂妄地宣称："国家的法令、法规在我这里也得变通执行，我同意的执行，我不同意的就不能执行。"这是典型的视宪法法律为儿戏、凌驾于宪法和法律之上者。

视宪法法律为儿戏、凌驾于宪法和法律之上的人，必定会滥用手中的权力，必定会任意胡作非为，最终也会受到法律的严惩。慕绥新终因犯有受贿罪和巨额财产来源不明罪，被大连市中级人民法院于2001年10月10日判处了死刑，缓期二年执行，剥夺政治权利终身。

2019年10月31日中国共产党第十九届中央委员会第四次全体会议通过的《中共中央关于坚持和完善中国特色社会主义制度　推进

国家治理体系和治理能力现代化若干重大问题的决定》强调:"坚持法治建设为了人民、依靠人民,加强人权法治保障,保证人民依法享有广泛的权利和自由、承担应尽的义务,引导全体人民做社会主义法治的忠实崇尚者、自觉遵守者、坚定捍卫者。坚持有法必依、执法必严、违法必究,严格规范公正文明执法,规范执法自由裁量权,加大关系群众切身利益的重点领域执法力度。"这是对推进全民守法提出了更重要的要求。

第二,法律面前人人平等,任何人不得有超越宪法法律的特权。2015年2月2日,习近平总书记在省部级主要领导干部学习贯彻十八届四中全会精神全面推进依法治国专题研讨班开班式上强调,"要牢固树立宪法法律至上、法律面前人人平等、权由法定、权依法使等基本法治观念,对各种危害法治、破坏法治、践踏法治的行为要挺身而出、坚决斗争"。

"法律面前人人平等"这句话的含义,概括说来,包括三个方面的内容:

一是任何人都一律平等地享有宪法和法律规定的各项权利,同时也都必须平等地履行宪法和法律所规定的各项义务。这就是说,不管你是农民,还是工人;不管你是教师,还是领导干部,都必须平等地享有宪法和法律规定的各项权利,并平等地履行宪法和法律所规定的各项义务。

二是任何人违法都必须受到追究。这就是说,任何人不论其地位有多高、权力有多大、身份有多特殊，一旦违法犯罪都要毫无例外地受到法律的制裁，决不允许任何违法犯罪分子逍遥法外。比如说周永康、薄熙来、苏荣，位高权重；比如说刘汉、刘维，钱多势众，但因为违法犯罪，都受到了法律的制裁。

三是任何组织和个人都不允许有超越宪法和法律之上的特权。这就是说，任何组织和个人都必须以宪法和法律为根本活动准则，都必须依照宪法和法律来行使自己的权力或权利、履行自己的职责或义务，都不得违反（犯）宪法和法律。

二、彰显公共政策价值导向

各项经济、社会等公共政策，与人们生产生活和现实利益密切相关，直接影响着人们的价值取向和道德判断。因此，公共政策制度从设计制定到实施执行，都要充分体现道德要求，符合人们的道德期待，实现政策目标和道德导向有机统一。

1. 促进公共政策与道德建设良性互动

彰显公共政策价值导向，就要科学制定经济社会政策和改革举措，在涉及就业、就学、住房、医疗、收入分配、社会保障等重大民生问题上，妥善处理各方面利益关系，充分体现维护社会公平正义的要求。加强对公共政策的道德风险和道德效果评估，及时纠正

与社会主义道德相背离的突出问题，促进公共政策与道德建设良性互动。

中国特色社会主义进入了新时代，我国社会主要矛盾已经转化为人民日益增长的美好生活需要和不平衡不充分的发展之间的矛盾。社会主要矛盾的变化，意味着人民美好生活需要日益广泛，不仅对物质文化生活提出了更高要求，而且在民主、法治、公平、正义、安全、环境等方面的要求日益增长。因此，公共政策的制定要全面把握这个新变化，坚持以人民为中心的发展思想，把为民、利民、惠民体现到公民道德建设的各个方面。

2. 为公民道德建设提供正确的政策导向

政策，是国家政权机关和政党组织在一定历史时期内为完成特定的工作任务，而制定的具体的行动方针和准则。

政策对人们的价值取向、道德行为有着直接而广泛的影响。因此，国家政权机关和政党组织在制定政策时，不管是经济政策还是社会政策，都要既注重经济和社会事业健康发展的需要，又要体现公民道德建设的要求，为公民道德建设提供正确的政策导向。

政策要保护和支持所有通过正当、合法手段获取个人和团体利益的行为，惩戒靠投机取巧、坑蒙拐骗攫取利益的不良或犯罪的行为，千万不能因为具体政策的不当或失误给社会带来不良的后果。

3. 发挥社会规范的引导约束作用

各类社会规范有效调节着人们在共同生产生活中的关系和行为。要按照社会主义核心价值观的基本要求，健全各行各业规章制度，修订完善市民公约、乡规民约、学生守则等行为准则，突出体现自身特点的道德规范，更好发挥规范、调节、评价人们言行举止的作用。

要发挥各类群众性组织的自我教育、自我管理、自我服务功能，推动落实各项社会规范，共建共享与新时代相匹配的社会文明。

三、深化道德领域突出问题治理

在社会生活中，道德的作用是毋庸置疑的。它不仅是人们用来调节各种社会关系的手段，是人们用来判断善恶的行为标准，也是人们向善避恶的行为准则。尽管如此，道德也不是万能的，它必须与社会治理相配合，才能更好地发挥它的职能作用。因此，《纲要》指出："道德建设既要靠教育倡导，也要靠有效治理"。

1. 有力惩治失德败德、突破道德底线的行为

深化道德领域突出问题治理，要综合施策、标本兼治，运用经济、法律、技术、行政和社会管理、舆论监督等各种手段，有力惩

治失德败德、突破道德底线的行为。

要组织开展道德领域突出问题专项治理，不断净化社会文化环境。针对污蔑诋毁英雄、伤害民族感情的恶劣言行，特别是对于损害国家尊严、出卖国家利益的媚外分子，要依法依规严肃惩戒，发挥警示教育作用。针对食品药品安全、产品质量安全、生态环境、社会服务、公共秩序等领域群众反映强烈的突出问题，要逐一进行整治，让败德违法者受到惩治、付出代价。建立惩戒失德行为常态化机制，形成扶正祛邪、惩恶扬善的社会风气。

2. 规章制度要充分体现相关的道德规范

公民良好道德习惯的养成是一个长期、渐进的过程，这个过程离不开严明的规章制度作为保障。因此，各地区、各部门、各行业和各基层单位在建立健全规章制度时，要充分体现相关的道德规范和具体要求。

要把思想引导与利益调节、精神鼓励与物质奖励统一起来，加强督促检查，严格考核奖惩，确保各种行政规章以及道德守则和公约在实践中得到落实，为公民道德建设提供有效的制度保障。

为公民道德建设提供有效适用的规章制度保障，重要的是奖惩激励制度。

严格的奖惩激励制度，是保障公民道德建设的重要手段。因为一个团队奖励什么行为就是鼓励团队成员多发生类似的行为；同样，一个团队惩罚什么行为，就是希望在团队成员中抑制甚至杜绝类似行为的发生。

最高法院2010年10月1日起施行的《关于限制被执行人高消费的若干规定》和2013年10月1日起实行的《关于公布失信被执行人名单信息的若干规定》，都是对失信者的重要惩处措施。

为公民道德建设提供有效适用的规章制度保障，还要建立社会主义道德评价体系。所谓道德评价，是指生活在一定社会环境中的人们，直接依据一定社会的道德准则，通过社会舆论或个人心理活动对自身或他人已经发生的行为所作的善恶性质及价值判断。它被人们形象地比喻为"道德法庭"的审判。

道德评价在公民的社会生活中起着价值导向的作用，特别是在当前新旧观念冲突、新旧利益调整，各种思想文化相互激荡，人们的思想错综复杂，人们的是非善恶评判标准模糊不清的情况下，这种作用就更为显著。社会迫切需要通过道德评价来帮助公民认清应该赞成什么，反对什么；提倡什么，谴责什么；允许什么，限制什么。因此，建立社会主义道德评价体系就成为社会发展的客观要求。通过各种舆论工具，形成以讲道德为荣，不讲道德为耻的扶正祛邪的强大道德舆论氛围，使身体力行社会主义思想道德的人受到社会舆论的大力肯定和褒扬，使背离社会主义思想道德的行为受到社会舆论的批评乃至谴责。这必将推动道德建设的发展。

3. 为公民道德建设提供强有力的法律支持

习近平总书记在《加快建设社会主义法治国家》一文中指出："法律是成文的道德，道德是内心的法律，法律和道德都具有规范社会行为、维护社会秩序的作用。治理国家、治理社会必须一手抓法治、一手抓德治，既重视发挥法律的规范作用，又重视发挥道德的教化作用，实现法律和道德相辅相成、法治和德治相得益彰。"①

加强社会主义法治，是公民诚信道德建设健康发展的重要保证。因此，我们需要按照建设中国特色社会主义法治国家的要求，把诚信道德建设与社会主义法治建设紧密结合起来。在认真抓好全民法治宣传教育的同时，加大执法力度，严厉打击各种失信行为，维护正常经济秩序、公共秩序、生活秩序，为公民道德建设提供强有力的法律支持。

《中共中央关于坚持和完善中国特色社会主义制度　推进国家治理体系和治理能力现代化若干重大问题的决定》指出："制度的生命力在于执行。各级党委和政府以及各级领导干部要切实强化制度意识，带头维护制度权威，做制度执行的表率，带动全党全社会自觉尊崇制度、严格执行制度、坚决维护制度。健全权威高效的制度

---

① 习近平：《加快建设社会主义法治国家》，《求是》2015年1月。

执行机制，加强对制度执行的监督，坚决杜绝做选择、搞变通、打折扣的现象。"这也是对全体公民遵守执行各类制度的统一要求，在公民道德建设方面发挥法律制度保障作用也不例外。

附录

中共中央 国务院印发
《新时代公民道德建设实施纲要》

近日,中共中央、国务院印发了《新时代公民道德建设实施纲要》,并发出通知,要求各地区各部门结合实际认真贯彻落实。

《新时代公民道德建设实施纲要》全文如下。

中华文明源远流长,孕育了中华民族的宝贵精神品格,培育了中国人民的崇高价值追求。中国共产党领导人民在革命、建设和改革历史进程中,坚持马克思主义对人类美好社会的理想,继承发扬中华传统美德,创造形成了引领中国社会发展进步的社会主义道德体系。坚持和发展中国特色社会主义,需要物质文明和精神文明全面发展、人民物质生活和精神生活水平全面提升。中国特色社会主义进入新时代,加强公民道德建设、提高全社会道德水平,是全面建成小康社会、全面建设社会主义现代化强国的战略任务,是适应社会主要矛盾变化、满足人民对美好生活向往的迫切需要,是促进社会全面进步、人的全面发展的必然要求。

2001年,党中央颁布《公民道德建设实施纲要》,对在社会主义市场经济条件下加强公民道德建设提供了重要指导,有力促进了

附 录

中共中央 国务院印发《新时代公民道德建设实施纲要》

社会主义精神文明建设。党的十八大以来,以习近平同志为核心的党中央高度重视公民道德建设,立根塑魂、正本清源,作出一系列重要部署,推动思想道德建设取得显著成效。中国特色社会主义和中国梦深入人心,践行社会主义核心价值观、传承中华优秀传统文化的自觉性不断提升,爱国主义、集体主义、社会主义思想广为弘扬,崇尚英雄、尊重模范、学习先进成为风尚,民族自信心、自豪感大大增强,人民思想觉悟、道德水准、文明素养不断提高,道德领域呈现积极健康向上的良好态势。

同时也要看到,在国际国内形势深刻变化、我国经济社会深刻变革的大背景下,由于市场经济规则、政策法规、社会治理还不够健全,受不良思想文化侵蚀和网络有害信息影响,道德领域依然存在不少问题。一些地方、一些领域不同程度存在道德失范现象,拜金主义、享乐主义、极端个人主义仍然比较突出;一些社会成员道德观念模糊甚至缺失,是非、善恶、美丑不分,见利忘义、唯利是图,损人利己、损公肥私;造假欺诈、不讲信用的现象久治不绝,突破公序良俗底线、妨害人民幸福生活、伤害国家尊严和民族感情的事件时有发生。这些问题必须引起全党全社会高度重视,采取有力措施切实加以解决。

加强公民道德建设是一项长期而紧迫、艰巨而复杂的任务,要适应新时代新要求,坚持目标导向和问题导向相统一,进一步加大工作力度,把握规律、积极创新,持之以恒、久久为功,推动全民

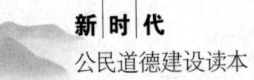

道德素质和社会文明程度达到一个新高度。

一、总体要求

要以习近平新时代中国特色社会主义思想为指导，紧紧围绕进行伟大斗争、建设伟大工程、推进伟大事业、实现伟大梦想，着眼构筑中国精神、中国价值、中国力量，促进全体人民在理想信念、价值理念、道德观念上紧密团结在一起，在全民族牢固树立中国特色社会主义共同理想，在全社会大力弘扬社会主义核心价值观，积极倡导富强民主文明和谐、自由平等公正法治、爱国敬业诚信友善，全面推进社会公德、职业道德、家庭美德、个人品德建设，持续强化教育引导、实践养成、制度保障，不断提升公民道德素质，促进人的全面发展，培养和造就担当民族复兴大任的时代新人。

——坚持马克思主义道德观、社会主义道德观，倡导共产主义道德，以为人民服务为核心，以集体主义为原则，以爱祖国、爱人民、爱劳动、爱科学、爱社会主义为基本要求，始终保持公民道德建设的社会主义方向。

——坚持以社会主义核心价值观为引领，将国家、社会、个人层面的价值要求贯穿到道德建设各方面，以主流价值建构道德规范、强化道德认同、指引道德实践，引导人们明大德、守公德、严私德。

附录

中共中央 国务院印发《新时代公民道德建设实施纲要》

——坚持在继承传统中创新发展，自觉传承中华传统美德，继承我们党领导人民在长期实践中形成的优良传统和革命道德，适应新时代改革开放和社会主义市场经济发展要求，积极推动创造性转化、创新性发展，不断增强道德建设的时代性实效性。

——坚持提升道德认知与推动道德实践相结合，尊重人民群众的主体地位，激发人们形成善良的道德意愿、道德情感，培育正确的道德判断和道德责任，提高道德实践能力尤其是自觉实践能力，引导人们向往和追求讲道德、尊道德、守道德的生活。

——坚持发挥社会主义法治的促进和保障作用，以法治承载道德理念、鲜明道德导向、弘扬美德义行，把社会主义道德要求体现到立法、执法、司法、守法之中，以法治的力量引导人们向上向善。

——坚持积极倡导与有效治理并举，遵循道德建设规律，把先进性要求与广泛性要求结合起来，坚持重在建设、立破并举，发挥榜样示范引领作用，加大突出问题整治力度，树立新风正气、祛除歪风邪气。

要把社会公德、职业道德、家庭美德、个人品德建设作为着力点。推动践行以文明礼貌、助人为乐、爱护公物、保护环境、遵纪守法为主要内容的社会公德，鼓励人们在社会上做一个好公民；推动践行以爱岗敬业、诚实守信、办事公道、热情服务、奉献社会为主要内容的职业道德，鼓励人们在工作中做一个好建设者；推动践行以尊老爱幼、男女平等、夫妻和睦、勤俭持家、邻里互助为主要内容的家庭美德，鼓励人们在家庭里做一个好成员；推动践行以爱国奉献、明礼遵规、勤劳善良、宽厚正直、自强自律为主要内容的个人品德，鼓励人们在日常生活中养成好品行。

二、重点任务

1. 筑牢理想信念之基。人民有信仰，国家有力量，民族有希望。信仰信念指引人生方向，引领道德追求。要坚持不懈用习近平新时代中国特色社会主义思想武装全党、教育人民，引导人们把握丰富内涵、精神实质、实践要求，打牢信仰信念的思想理论根基。在全社会广泛开展理想信念教育，深化社会主义和共产主义宣传教育，深化中国特色社会主义和中国梦宣传教育，引导人们不断增强道路自信、理论自信、制度自信、文化自信，把共产主义远大理想与中国特色社会主义共同理想统一起来，把实现个人理想融入实现国家富强、民族振兴、人民幸福的伟大梦想之中。

2. 培育和践行社会主义核心价值观。社会主义核心价值观是当代中国精神的集中体现，是凝聚中国力量的思想道德基础。要持续深化社会主义核心价值观宣传教育，增进认知认同、树立鲜明导向、强化示范带动，引导人们把社会主义核心价值观作为明德修身、立德树人的根本遵循。坚持贯穿结合融入、落细落小落实，把

附 录

中共中央 国务院印发《新时代公民道德建设实施纲要》

社会主义核心价值观要求融入日常生活,使之成为人们日用而不觉的道德规范和行为准则。坚持德法兼治,以道德滋养法治精神,以法治体现道德理念,全面贯彻实施宪法,推动社会主义核心价值观融入法治建设,将社会主义核心价值观要求全面体现到中国特色社会主义法律体系中,体现到法律法规立改废释、公共政策制定修订、社会治理改进完善中,为弘扬主流价值提供良好社会环境和制度保障。

3. *传承中华传统美德*。中华传统美德是中华文化精髓,是道德建设的不竭源泉。要以礼敬自豪的态度对待中华优秀传统文化,充分发掘文化经典、历史遗存、文物古迹承载的丰厚道德资源,弘扬古圣先贤、民族英雄、志士仁人的嘉言懿行,让中华文化基因更好植根于人们的思想意识和道德观念。深入阐发中华优秀传统文化蕴含的讲仁爱、重民本、守诚信、崇正义、尚和合、求大同等思想理念,深入挖掘自强不息、敬业乐群、扶正扬善、扶危济困、见义勇为、孝老爱亲等传统美德,并结合新的时代条件和实践要求继承创新,充分彰显其时代价值和永恒魅力,使之与现代文化、现实生活相融相通,成为全体人民精神生活、道德实践的鲜明标识。

4. *弘扬民族精神和时代精神*。以爱国主义为核心的民族精神和以改革创新为核心的时代精神,是中华民族生生不息、发展壮大的坚实精神支撑和强大道德力量。要深化改革开放史、新中国历史、中国共产党历史、中华民族近代史、中华文明史教育,弘扬中国人民伟大创造精神、伟大奋斗精神、伟大团结精神、伟大梦想精神，倡导一切有利于团结统一、爱好和平、勤劳勇敢、自强不息的思想和观念，构筑中华民族共有精神家园。要继承和发扬党领导人民创造的优良传统，传承红色基因，赓续精神谱系。要紧紧围绕全面深化改革开放、深入推进社会主义现代化建设，大力倡导解放思想、实事求是、与时俱进、求真务实的理念，倡导"幸福源自奋斗"、"成功在于奉献"、"平凡孕育伟大"的理念，弘扬改革开放精神、劳动精神、劳模精神、工匠精神、优秀企业家精神、科学家精神，使全体人民保持昂扬向上、奋发有为的精神状态。

三、深化道德教育引导

1.把立德树人贯穿学校教育全过程。学校是公民道德建设的重要阵地。要全面贯彻党的教育方针，坚持社会主义办学方向，坚持育人为本、德育为先，把思想品德作为学生核心素养、纳入学业质量标准，构建德智体美劳全面培养的教育体系。加强思想品德教育，遵循不同年龄阶段的道德认知规律，结合基础教育、职业教育、高等教育的不同特点，把社会主义核心价值观和道德规范有效传授给学生。注重融入贯穿，把公民道德建设的内容和要求体现到各学科教育中，体现到学科体系、教学体系、教材体系、管理体系建设中，使传授知识过程成为道德教化过程。开展社会实践活动，

附 录

中共中央 国务院印发《新时代公民道德建设实施纲要》

强化劳动精神、劳动观念教育,引导学生热爱劳动、尊重劳动,懂得劳动最光荣、劳动最崇高、劳动最伟大、劳动最美丽的道理,更好认识社会、了解国情,增强社会责任感。加强师德师风建设,引导教师以德立身、以德立学、以德施教、以德育德,做有理想信念、有道德情操、有扎实学识、有仁爱之心的好老师。建设优良校风,用校训励志,丰富校园文化生活,营造有利于学生修德立身的良好氛围。

2.用良好家教家风涵育道德品行。家庭是社会的基本细胞,是道德养成的起点。要弘扬中华民族传统家庭美德,倡导现代家庭文明观念,推动形成爱国爱家、相亲相爱、向上向善、共建共享的社会主义家庭文明新风尚,让美德在家庭中生根、在亲情中升华。通过多种方式,引导广大家庭重言传、重身教,教知识、育品德,以身作则、耳濡目染,用正确道德观念塑造孩子美好心灵;自觉传承中华孝道,感念父母养育之恩、感念长辈关爱之情,养成孝敬父母、尊敬长辈的良好品质;倡导忠诚、责任、亲情、学习、公益的理念,让家庭成员相互影响、共同提高,在为家庭谋幸福、为他人送温暖、为社会作贡献过程中提高精神境界、培育文明风尚。

3.以先进模范引领道德风尚。伟大时代呼唤伟大精神,崇高事业需要榜样引领。要精心选树时代楷模、道德模范等先进典型,综合运用宣讲报告、事迹报道、专题节目、文艺作品、公益广告等形式,广泛宣传他们的先进事迹和突出贡献,树立鲜明时代价值取向，彰显社会道德高度。持续推出各行各业先进人物，广泛推荐宣传最美人物、身边好人，让不同行业、不同群体都能学有榜样、行有示范，形成见贤思齐、争当先进的生动局面。尊崇褒扬、关心关爱先进人物和英雄模范，建立健全关爱关怀机制，维护先进人物和英雄模范的荣誉和形象，形成德者有得、好人好报的价值导向。

4.以正确舆论营造良好道德环境。舆论具有成风化人、敦风化俗的重要作用。要坚持以正确的舆论引导人，把正确价值导向和道德要求体现到经济、社会、文化等各领域的新闻报道中，体现到娱乐、体育、广告等各类节目栏目中。加强对道德领域热点问题的引导，以事说理、以案明德，着力增强人们的法治意识、公共意识、规则意识、责任意识。发挥舆论监督作用，对违反社会道德、背离公序良俗的言行和现象，及时进行批评、驳斥，激浊扬清、弘扬正气。传媒和相关业务从业人员要加强道德修养、强化道德自律，自觉履行社会责任。

5.以优秀文艺作品陶冶道德情操。文以载道，文以传情，文以植德。要把培育和弘扬社会主义核心价值观作为根本任务，坚持以人民为中心的创作导向，推出更多讴歌党、讴歌祖国、讴歌人民、讴歌英雄、讴歌劳动、讴歌奉献的精品力作，润物无声传播真善美，弘扬崇高的道德理想和道德追求。坚持把社会效益放在首位，倡导讲品位、讲格调、讲责任，抵制低俗、庸俗、媚俗，用健康向上的文艺作品温润心灵、启迪心智、引领风尚。要把社会主义道德

附 录

中共中央 国务院印发《新时代公民道德建设实施纲要》

作为文艺评论、评介、评奖的重要标准,更好地引导文艺创作生产传播坚守正道、弘扬正气。文艺工作者要把崇德尚艺作为一生的功课,把为人、做事、从艺统一起来,加强思想积累、知识储备、艺术训练,提高学养、涵养、修养,努力追求真才学、好德行、高品位,做到德艺双馨。

6.发挥各类阵地道德教育作用。各类阵地是面向广大群众开展道德教育的基本依托。要加强新时代文明实践中心建设,大力推进媒体融合发展,抓好县级融媒体中心建设,推动基层广泛开展中国特色社会主义文化、社会主义思想道德学习教育实践,引导人们提高思想觉悟、道德水准、文明素养。加强爱国主义教育基地和革命纪念设施建设保护利用,充实展陈内容,丰富思想内涵,提升教育功能。民族团结、科普、国防等教育基地,图书馆、文化馆、博物馆、纪念馆、科技馆、青少年活动中心等公共文化设施,都要结合各自功能特点有针对性地开展道德教育。用好宣传栏、显示屏、广告牌等户外媒介,营造明德守礼的浓厚氛围。

7.抓好重点群体的教育引导。公民道德建设既要面向全体社会成员开展,也要聚焦重点、抓住关键。党员干部的道德操守直接影响着全社会道德风尚,要落实全面从严治党要求,加强理想信念教育,补足精神之钙;要加强政德修养,坚持法律红线不可逾越、道德底线不可触碰,在严肃规范的党内政治生活中锤炼党性、改进作风、砥砺品质,践行忠诚老实、公道正派、艰苦奋斗、清正廉洁等品格，正心修身、慎独慎微，严以律己、廉洁齐家，在道德建设中为全社会作出表率。青少年是国家的希望、民族的未来，要坚持从娃娃抓起，引导青少年把正确的道德认知、自觉的道德养成、积极的道德实践紧密结合起来，善于从中华民族传统美德中汲取道德滋养，从英雄人物和时代楷模身上感受道德风范，从自身内省中提升道德修为，不断修身立德，打牢道德根基。全社会都要关心帮助支持青少年成长发展，完善家庭、学校、政府、社会相结合的思想道德教育体系，引导青少年树立远大志向，热爱党、热爱祖国、热爱人民，形成好思想、好品行、好习惯，扣好人生第一粒扣子。社会公众人物知名度高、影响力大，要加强思想政治引领，引导他们承担社会责任，加强道德修养，注重道德自律，自觉接受社会和舆论监督，树立良好社会形象。

四、推动道德实践养成

1.广泛开展弘扬时代新风行动。良好社会风尚是社会文明程度的重要标志，涵育着公民美德善行，推动着社会和谐有序运转。要紧密结合社会发展实际，广泛开展文明出行、文明交通、文明旅游、文明就餐、文明观赛等活动，引导人们自觉遵守社会交往、公共场所中的文明规范。着眼完善社会治理、规范社会秩序，推动街道社区、交通设施、医疗场所、景区景点、文体场馆等的精细管理、规范运营，优化公共空间、提升服务水平，为人们增强公共意识、规则意识创造良好环境。

2.深化群众性创建活动。各类群众性创建活动是人民群众自我教育、自我提高的生动实践。群众性精神文明创建活动要突出道德要求，充实道德内容，将社会公德、职业道德、家庭美德、个人品德建设贯穿创建全过程。文明城市、文明村镇创建要坚持为民利民惠民，突出文明和谐、宜居宜业，不断提升基层社会治理水平和群众文明素质。文明单位创建要立足行业特色、职业特点，突出涵养职业操守、培育职业精神、树立行业新风，引导从业者精益求精、追求卓越，为社会提供优质产品和服务。文明家庭创建要聚焦涵育家庭美德，弘扬优良家风。文明校园创建要聚焦立德树人，培养德智体美劳全面发展的社会主义建设者和接班人。各级党政机关、各行业各系统开展的创建活动，要把公民道德建设摆在更加重要的位置，以扎实有效的创建工作推动全民道德素质提升。

3.持续推进诚信建设。诚信是社会和谐的基石和重要特征。要继承发扬中华民族重信守诺的传统美德，弘扬与社会主义市场经济相适应的诚信理念、诚信文化、契约精神，推动各行业各领域制定诚信公约，加快个人诚信、政务诚信、商务诚信、社会诚信和司法公信建设，构建覆盖全社会的征信体系，健全守信联合激励和失信联合惩戒机制，开展诚信缺失突出问题专项治理，提高全社会诚信水平。重视学术、科研诚信建设，严肃查处违背学术科研诚信要求

的行为。深入开展"诚信建设万里行"、"诚信兴商宣传月"等活动，评选发布"诚信之星"，宣传推介诚信先进集体，激励人们更好地讲诚实、守信用。

4.深入推进学雷锋志愿服务。学雷锋和志愿服务是践行社会主义道德的重要途径。要弘扬雷锋精神和奉献、友爱、互助、进步的志愿精神，围绕重大活动、扶贫救灾、敬老救孤、恤病助残、法律援助、文化支教、环境保护、健康指导等，广泛开展学雷锋和志愿服务活动，引导人们把学雷锋和志愿服务作为生活方式、生活习惯。推动志愿服务组织发展，完善激励褒奖制度，推进学雷锋志愿服务制度化常态化，使"我为人人、人人为我"蔚然成风。

5.广泛开展移风易俗行动。摒弃陈规陋习、倡导文明新风是道德建设的重要任务。要围绕实施乡村振兴战略，培育文明乡风、淳朴民风，倡导科学文明生活方式，挖掘创新乡土文化，不断焕发乡村文明新气象。充分发挥村规民约、道德评议会、红白理事会等作用，破除铺张浪费、薄养厚葬、人情攀比等不良习俗。要提倡科学精神，普及科学知识，抵制迷信和腐朽落后文化，防范极端宗教思想和非法宗教势力渗透。

6.充分发挥礼仪礼节的教化作用。礼仪礼节是道德素养的体现，也是道德实践的载体。要制定国家礼仪规程，完善党和国家功勋荣誉表彰制度，规范开展升国旗、奏唱国歌、入党入团入队等仪式，强化仪式感、参与感、现代感，增强人们对党和国家、对组

附 录

中共中央 国务院印发《新时代公民道德建设实施纲要》

织集体的认同感和归属感。充分利用重要传统节日、重大节庆和纪念日，组织开展群众性主题实践活动，丰富道德体验、增进道德情感。研究制定继承中华优秀传统、适应现代文明要求的社会礼仪、服装服饰、文明用语规范，引导人们重礼节、讲礼貌。

7.积极践行绿色生产生活方式。绿色发展、生态道德是现代文明的重要标志，是美好生活的基础、人民群众的期盼。要推动全社会共建美丽中国，围绕世界地球日、世界环境日、世界森林日、世界水日、世界海洋日和全国节能宣传周等，广泛开展多种形式的主题宣传实践活动，坚持人与自然和谐共生，引导人们树立尊重自然、顺应自然、保护自然的理念，树立绿水青山就是金山银山的理念，增强节约意识、环保意识和生态意识。开展创建节约型机关、绿色家庭、绿色学校、绿色社区、绿色出行和垃圾分类等行动，倡导简约适度、绿色低碳的生活方式，拒绝奢华和浪费，引导人们做生态环境的保护者、建设者。

8.在对外交流交往中展示文明素养。公民道德风貌关系国家形象。实施中国公民旅游文明素质行动计划，推动出入境管理机构、海关、驻外机构、旅行社、网络旅游平台等，加强文明宣传教育，引导中国公民在境外旅游、求学、经商、探亲中，尊重当地法律法规和文化习俗，展现中华美德，维护国家荣誉和利益。培育健康理性的国民心态，引导人们在各种国际场合、涉外活动和交流交往中，树立自尊自信、开放包容、积极向上的良好形象。

五、抓好网络空间道德建设

1.加强网络内容建设。网络信息内容广泛影响着人们的思想观念和道德行为。要深入实施网络内容建设工程，弘扬主旋律，激发正能量，让科学理论、正确舆论、优秀文化充盈网络空间。发展积极向上的网络文化，引导互联网企业和网民创作生产传播格调健康的网络文学、网络音乐、网络表演、网络电影、网络剧、网络音视频、网络动漫、网络游戏等。加强网上热点话题和突发事件的正确引导、有效引导，明辨是非、分清善恶，让正确道德取向成为网络空间的主流。

2.培养文明自律网络行为。网上行为主体的文明自律是网络空间道德建设的基础。要建立和完善网络行为规范，明确网络是非观念，培育符合互联网发展规律、体现社会主义精神文明建设要求的网络伦理、网络道德。倡导文明办网，推动互联网企业自觉履行主体责任、主动承担社会责任，依法依规经营，加强网络从业人员教育培训，坚决打击网上有害信息传播行为，依法规范管理传播渠道。倡导文明上网，广泛开展争做中国好网民活动，推进网民网络素养教育，引导广大网民尊德守法、文明互动、理性表达，远离不良网站，防止网络沉迷，自觉维护良好网络秩序。

3.丰富网上道德实践。互联网为道德实践提供了新的空间、新的载体。要积极培育和引导互联网公益力量,壮大网络公益队伍,形成线上线下踊跃参与公益事业的生动局面。加强网络公益宣传,引导人们随时、随地、随手做公益,推动形成关爱他人、奉献社会的良好风尚。拓展"互联网+公益"、"互联网+慈善"模式,广泛开展形式多样的网络公益、网络慈善活动,激发全社会热心公益、参与慈善的热情。加强网络公益规范化运行和管理,完善相关法规制度,促进网络公益健康有序发展。

4.营造良好网络道德环境。加强互联网管理,正能量是总要求,管得住是硬道理,用得好是真本事。要严格依法管网治网,加强互联网领域立法执法,强化网络综合治理,加强网络社交平台、各类公众账号等管理,重视个人信息安全,建立完善新技术新应用道德评估制度,维护网络道德秩序。开展网络治理专项行动,加大对网上突出问题的整治力度,清理网络欺诈、造谣、诽谤、谩骂、歧视、色情、低俗等内容,反对网络暴力行为,依法惩治网络违法犯罪,促进网络空间日益清朗。

六、发挥制度保障作用

1.强化法律法规保障。法律是成文的道德,道德是内心的法律。要发挥法治对道德建设的保障和促进作用,把道德导向贯穿法治建设全过程,立法、执法、司法、守法各环节都要体现社会主义道德要求。及时把实践中广泛认同、较为成熟、操作性强的道德要求转化为法律规范,推动社会诚信、见义勇为、志愿服务、勤劳节俭、孝老爱亲、保护生态等方面的立法工作。坚持严格执法,加大关系群众切身利益重点领域的执法力度,以法治的力量维护道德、凝聚人心。坚持公正司法,发挥司法裁判定分止争、惩恶扬善功能,定期发布道德领域典型指导性司法案例,让人们从中感受到公平正义。推进全民守法普法,加强社会主义法治文化建设,营造全社会讲法治、重道德的良好环境,引导人们增强法治意识、坚守道德底线。

2.彰显公共政策价值导向。公共政策与人们生产生活和现实利益密切相关,直接影响着人们的价值取向和道德判断。各项公共政策制度从设计制定到实施执行,都要充分体现道德要求,符合人们道德期待,实现政策目标和道德导向有机统一。科学制定经济社会政策和改革举措,在涉及就业、就学、住房、医疗、收入分配、社会保障等重大民生问题上,妥善处理各方面利益关系,充分体现维护社会公平正义的要求。加强对公共政策的道德风险和道德效果评估,及时纠正与社会主义道德相背离的突出问题,促进公共政策与道德建设良性互动。

3.发挥社会规范的引导约束作用。各类社会规范有效调节着人们在共同生产生活中的关系和行为。要按照社会主义核心价值观的基本要求,健全各行各业规章制度,修订完善市民公约、乡规民约、学生守则等行为准则,突出体现自身特点的道德规范,更好发挥规范、调节、评价人们言行举止的作用。要发挥各类群众性组织的自我教育、自我管理、自我服务功能,推动落实各项社会规范,共建共享与新时代相匹配的社会文明。

4.深化道德领域突出问题治理。道德建设既要靠教育倡导,也要靠有效治理。要综合施策、标本兼治,运用经济、法律、技术、行政和社会管理、舆论监督等各种手段,有力惩治失德败德、突破道德底线的行为。要组织开展道德领域突出问题专项治理,不断净化社会文化环境。针对污蔑诋毁英雄、伤害民族感情的恶劣言行,特别是对于损害国家尊严、出卖国家利益的媚外分子,要依法依规严肃惩戒,发挥警示教育作用。针对食品药品安全、产品质量安全、生态环境、社会服务、公共秩序等领域群众反映强烈的突出问题,要逐一进行整治,让败德违法者受到惩治、付出代价。建立惩戒失德行为常态化机制,形成扶正祛邪、惩恶扬善的社会风气。

七、加强组织领导

加强新时代公民道德建设,是推进中国特色社会主义事业的一项基础性、战略性工程。要坚持和加强党的领导,增强"四个意识",坚定"四个自信",做到"两个维护",确保公民道德建设的正确方向。各级党委和政府要担负起公民道德建设的领导责任,将其摆上重要议事日程，纳入全局工作谋划推进，有机融入经济社会发展各方面。纪检监察机关和组织、统战、政法、网信、经济、外交、教育、科技、卫生健康、交通运输、民政、文化和旅游、民族宗教、农业农村、自然资源、生态环境等党政部门，要紧密结合工作职能，积极履行公民道德建设责任。发挥基层党组织和党员在新时代公民道德建设中的战斗堡垒作用和先锋模范作用。工会、共青团、妇联等群团组织，各民主党派和工商联，要积极发挥自身优势，共同推动公民道德建设。

各级文明委和党委宣传部要切实履行指导、协调、组织职能，统筹力量、精心实施、加强督查，抓好工作任务落实。注重分析评估公民道德建设的进展和成效，及时总结推广成功经验和创新做法，加强道德领域重大理论和实践问题研究，推动形成公民道德建设蓬勃开展、深入发展的良好局面。

（新华社北京10月27日电）

加强新时代公民道德建设
为实现中华民族伟大复兴中国梦凝心铸魂

——中央宣传部负责人就《新时代公民道德建设实施纲要》答记者问

近日,中共中央、国务院印发《新时代公民道德建设实施纲要》(以下简称《纲要》)。中央宣传部负责人就《纲要》有关问题,接受了记者采访。

问:请介绍一下出台《纲要》的背景意义。

答:党的十八大以来,以习近平同志为核心的党中央高度重视公民道德建设,立根塑魂、正本清源,作出一系列重要部署,推动思想道德建设取得显著成效。中国特色社会主义和中国梦深入人心,践行社会主义核心价值观、传承中华优秀传统文化的自觉性不断提升,爱国主义、集体主义、社会主义思想广为弘扬,崇尚英雄、尊重模范、学习先进成为风尚,民族自信心、自豪感大大增强,人民思想觉悟、道德水准、文明素养不断提高,道德领域呈现积极健康向上的良好态势。

党中央2001年颁布《公民道德建设实施纲要》至今已有18年,

我们面临的世情国情党情发生了很大变化，特别是中国特色社会主义已经进入新时代，对新时代公民道德建设提出了新的更高要求。此时出台《纲要》这样一个指导性文件，坚持以习近平新时代中国特色社会主义思想为指导，全面总结这些年的工作实践，客观看待成绩和经验，准确把握道德建设领域存在的不足和问题，科学分析新时代对公民道德建设提出的新要求，进一步明确新时代公民道德建设的任务要求，对于推动全民道德素质和社会文明程度达到一个新高度，决胜全面建成小康社会、开启全面建设社会主义现代化国家新征程，具有十分重要的意义。

问：请谈谈《纲要》的主要内容和特点。

答：《纲要》共有七个部分，主要包括新时代公民道德建设的总体要求、重点任务、深化道德教育引导、推动道德实践养成、抓好网络空间道德建设、发挥制度保障作用和加强组织领导等内容。

《纲要》具有三个主要特点：一是体现时代特征。《纲要》深入贯彻习近平新时代中国特色社会主义思想和党的十九大精神，在充分体现习近平总书记关于公民道德建设重要论述的基础上，进一步梳理总书记的新思想、新观点、新要求，把涉及有关方面的重要内容和抓落实的内容更加鲜明地体现出来，使新时代特征贯穿《纲要》始终。二是尊重群众实践。《纲要》总结了2001年党中央颁布《公民道德建设实施纲要》以来，各地在公民道德建设中的新鲜创造和典型经验，形成了对新时代公民道德建设工作规律的深刻认识和科学把握，突出群众性、实践性、可操作性，设计群众便于参与、乐于参与的渠道载体，为深入开展基层道德建设提供根本遵循。三是坚持守正创新。《纲要》既继承了2001年《公民道德建设实施纲要》的主要内容和载体途径，又立足新时代新形势新任务要求，突出问题导向，着重体现习近平总书记对党员领导干部、青少年和社会公众人物等重要群体和重点领域道德建设的重要论述和具体要求，重点强化了法治保障、网络空间、生态文明、对外交往等方面的内容，既遵循了道德建设规律，又进行了创新创造，增强了道德建设的吸引力感染力。

问：推进新时代公民道德建设，需要着重在哪些方面下功夫？

答：推进新时代公民道德建设，需要我们深入学习领会习近平总书记关于道德建设的重要论述，切实增强公民道德建设的责任感使命感，着重在以下方面狠下功夫。一是聚力培养担当民族复兴大任的时代新人。习近平总书记强调，担当民族复兴大任的时代新人，必须是在思想水平、政治觉悟、道德品质、文化素养、精神状态等方面同新时代要求相符合的。这是公民道德建设的出发点和落脚点，一切工作都要聚焦这个目标，须臾不能偏离。要不断深化对时代新人丰富内涵、时代特质、根本要求的认识和理解，更好地推进公民道德建设，担负起培养时代新人的重要职责。二是坚持以社会主义核心价值观为引领。社会主义核心价值观是当代中国在价值观念上的最大公约数，其实就是一种德，既是个人的德，也是国家的德、社会的德。要将国家价值目标、社会价值准则和公民价值规范，有机融入公民道德建设各方面、全过程，更好发挥出引领作用。三是大力夯实基层基础。公民道德建设对象在基层、主体在基层，必须瞄准基层需求，创新基层工作，推动公民道德建设提质量、上水平，扎实推进新时代文明实践中心和县级融媒体中心建设，夯实基层阵地，讲好美德故事，特别注重加强网络道德建设，推动网络成为正能量的集散地。四是强化道德建设的法治保障。法律是成文的道德，道德是内心的法律，道德建设离不开法治保障。要推动《社会主义核心价值观融入法治建设立法修法规划》的贯彻落实，建立社会主义核心价值观入法入规协调机制。要把社会主义道德要求融入社会治理，探索建立重大公共政策道德风险评估机制，健全各行各业规章制度，完善市民公约、村规民约、学生守则、团体章程等。要加强道德领域突出问题专项治理，不断净化社会文化环境。

问：在抓好网络空间道德建设方面，《纲要》有哪些具体规定？

答： 在抓好网络空间道德建设方面，《纲要》强调，一要加强网络内容建设。深入实施网络内容建设工程，发展积极向上的网络文化，让正确道德取向成为网络空间的主流。二要培养文明自律网络行为。建立和完善网络行为规范，培育符合互联网发展规律、体现社会主义精神文明建设要求的网络伦理、网络道德，倡导文明办网、文明上网，推进网民网络素养教育，引导广大网民尊德守法、文明互动、理性表达，自觉维护良好网络秩序。三要丰富网上道德实践。积极培育和引导互联网公益力量，加强网络公益宣传，拓展"互联网+公益""互联网+慈善"模式，广泛开展形式多样的网络公益、网络慈善活动。四要营造良好网络道德环境。严格依法管网治网，强化网络综合治理，建立完善新技术新应用道德评估制度，维护网络道德秩序；开展网络治理专项行动，加大对网上突出问题的整治力度，反对网络暴力行为，依法惩治网络违法犯罪，促进网络空间日益清朗。

问：在深化道德领域突出问题治理方面，有哪些部署？

答： 道德建设既要靠教育倡导，也要靠有效治理。《纲要》强调，要综合施策、标本兼治，运用经济、法律、技术、行政和社会管理、舆论监督等各种手段，有力惩治失德败德、突破道德底线的行为。要组织开展道德领域突出问题专项治理，不断净化社会文化环境。针对污蔑诋毁英雄、伤害民族感情的恶劣言行，特别是对于损害国家尊严、出卖国家利益的媚外分子，要依法依规严肃惩戒，发挥警示教育作用。针对食品药品安全、产品质量

安全、生态环境、社会服务、公共秩序等领域群众反映强烈的突出问题，要逐一进行整治，让败德违法者受到惩治、付出代价。建立惩戒失德行为常态化机制，形成扶正祛邪、惩恶扬善的社会风气。

（新华社北京10月27日电）